Auf himmlischen Pfoten

Auf himmlischen Pfoten

Katzengeschichten rund um den Kirchturm

benno

Bibliografische Information der Deutschen Nationalbibliothek
Die Deutsche Nationalbibliothek verzeichnet diese Publikation in der Deutschen Nationalbibliografie; detaillierte bibliografische Daten sind im Internet über http://dnb.d-nb.de abrufbar.

Besuchen Sie uns im Internet unter:
www.st-benno.de

Gern informieren wir Sie unverbindlich und aktuell auch in unserem Newsletter zum Verlagsprogramm, zu Neuerscheinungen und Aktionen. Einfach anmelden unter www.st-benno.de.

ISBN 978-3-7462-3550-9

Zusammenstellung: Volker Bauch, Leipzig
Umschlag und Gestaltung: Ulrike Vetter, Leipzig
Gesamtherstellung: Kontext, Lemsel (A)

Inhaltsverzeichnis

Die Katze tritt die Treppe krumm

KLAUS WEYERS

Mir ist nicht klar, warum Katzen Treppen krumm treten müssen. Unser alter Schnellsprechvers will das eben so. Wer schon einmal in Rom war, weiß, dass die Katzen dort das antike und das moderne Rom krumm treten. Sie üben die absolute Herrschaft aus. Das Verhältnis von Katzen zu Touristen muss bald den Maßstab eins zu eins erreicht haben. In der Bibel dagegen sind diese samtpfötigen Mäusejäger sehr rar. Katzen scheinen sich in den Kapiteln des heiligen Buches nicht zu halten. Mithilfe kluger Nachschlagewerke gelingt es dem unermüdlich forschenden Geist dann doch, eine Katzengeschichte zu finden. Im Buch Baruch ist ein Brief abgedruckt, den der Prophet Jeremia an die Juden in der babylonischen Gefangenschaft geschickt hat. Der Propheten-Haudegen muss seinen Leuten kräftig den Kopf waschen. Die hatten es schnell gelernt, in der Gefangenschaft die Götzen der Sieger-

macht zu verehren. Solche Verhaltensweisen sind uns ja auch nicht ganz unbekannt. Es ist bequem und vorteilhaft, sich auf Sitten und Gebräuche sowie auf die Verrücktheiten der jeweils Herrschenden einzustellen. Also hatten die Juden in der babylonischen Verbannung sich daran gewöhnt, die verschiedenen hölzernen, gipsernen, blechernen und manchmal auch tönernen Götzenfiguren der Ägypter anzubeten. Jeremia klärt nun in seinem geharnischten Brief die Juden über die Nutzlosigkeit aller Arten von Götzenfiguren auf. Er schreibt: „Die Priester verwahren der Götzen Tempel mit Türen, Schlössern und Riegeln, damit sie von den Räubern nicht gestohlen werden. In ihrem Angesicht sind die Götzen schwarz vom Rauch im Tempel. Und die Nachteulen, Schwalben und andere Vögel setzen sich auf ihre Leiber und ihre Köpfe, desgleichen auch die Katzen. Daran merkt ihr, dass es keine Götter sind. Darum fürchtet sie nicht!" Wer das nachlesen will, suche sich das sechste Kapitel des Baruch-Buches mit der Überschrift: „Der Brief des Jeremia".
Ziemlich faule Katzen tauchen da im Buch des Propheten Baruch auf. Wir sind es gewohnt,

dass Katzen auf der Ofenbank liegen, sofern noch eine vorhanden ist. Bei Baruch haben sie sich einen anderen Ruheort ausgesucht. Sie schlafen in der Sonnenwärme auf den Köpfen der Götterstatuen.

In Rom tun diese Tiere es ja heute noch auf den Grabsteinen. Da haben wir die Katze in einer interessanten Funktion. Durch ihr faules Liegen auf den Statuen enttarnt sie die falschen Götzen. Sie thront auf der Frisur der Götterfigur und macht sie dadurch lächerlich. Ein lebendiges Geschöpf Gottes thront allemal höher als ein gipsernes, totes Götzenstandbild. Leider besteht bei uns die Gefahr, dass etliche Leute mit katholischem Taufschein ihre Katzen zu ihren Götzen machen. Das ist dann auch nicht so gut. Mich hat einmal eine nette Dame gebeten, ihre Katze kirchlich zu beerdigen. Ob sie da nicht etwas verwechselt hat? Der heutige Mensch ist recht schnell in der Gefahr, die Anbetung Gottes abzuschaffen und nahtlos durch die Anbetung seiner Haustiere zu ersetzen. Im Buch der Segnungen gibt es einen Tiersegen, der beschreibt, in welchem Verhältnis das Tier zu uns steht. Der Segen lautet:

„Allmächtiger Gott, die ganze Schöpfung bezeugt deine Größe und Güte. Du hast sie in die Hand des Menschen gegeben, damit er sie gebrauche und dir dafür danke. Schütze diese Tiere vor Krankheit und Gefahr und halte alle schädlichen Einflüsse von ihnen fern. So können sie dem Menschen helfen und eine Freude für ihn sein." Das lasse ich mir gefallen. Natürlich will ich ein Leben in Freundschaft mit den Tieren. Natürlich will ich sie schützen, und natürlich sollen sie mir helfen, ohne dass ich sie bald dabei zugrunde richte. Doch die Tiere, einschließlich unserer Stiftsplatzkatze, sollen weder meine Tyrannen noch meine Dämonen noch gar meine Götzen sein.

Unsere Katze kümmert sich nicht um die Gedanken, die wir uns um ihretwillen machen. Die Stiftsplatzbeherrscherin schreitet gravitätisch die Treppe hinunter, um sich als Mäuseschreck zu betätigen. Denn das Sprichwort sagt sehr weise: „Die Katze lässt das Mausen nicht." Mir hingegen drängt sich bei meiner sehr wissenschaftlichen Arbeitsweise die Frage auf, ob es denn auch einen Patron für die Katzen gäbe. In den amtlichen kirchlichen Büchern findet sich da nichts Einschlägiges. Ein Patron für Tierärzte ist vorhanden, für Reiter

gibt es gleich drei, nämlich die Heiligen Drei Könige. Über einen Pferdepatron werden wir noch später reden. Ein himmlischer Schutzherr für Katzen ist dagegen nicht aufzutreiben. Aber es gibt eine Heilige, der man als Erkennungszeichen die Katze beigegeben hat. Sie ist in Berlin auf der Gertraudenbrücke in voller Lebensgröße zu besichtigen und heißt Gertrud von Nivelles. Sie war Äbtissin in der Nähe von Brüssel und starb gegen 660. Irgendwie muss diese fromme Frau gut mit Katzen zusammengearbeitet haben, denn sie hatte großen Erfolg bei der Bekämpfung von Mäuseinvasionen. Darum ist Gertrud von Nivelles bis heute die Fachfrau in Sachen Ratten und Mäuse, und man ruft sie an, wenn die kleinen flinken Vierbeiner beginnen, unangenehm zu werden. Katzen und Heilige passen also zusammen.
In der vorchristlichen Zeit war das anders. Da gehörten Katzen und Hexen zusammen. Das zeigt sich heute noch im Märchen von Hänsel und Gretel. Bei richtigen Märchenbuchillustrationen muss die Hexe einen schwarzen Kater auf der Schulter haben. Sonst taugt das Buch nichts, und man kann sein Geld zurückverlangen.

Früher bedeutete eine schwarze Katze Unglück und Krankheit. Aber das muss uns nicht mehr ängstigen. Wir leben in einer erlösten Welt. Leider sitzen alte Ängste sehr tief in uns drinnen. Noch im vorigen Jahrhundert wurde in einem Schweizer Ort am 12. März eine Katze vom Turm geworfen, um sich vor der Bedrohung durch das „Hexentier“ zu schützen. Warum das ausgerechnet am 12. März passierte, weiß ich nicht.
Die stiftsplatzbeherrschende dicke Katze hat bernsteingelbe Augen. In ihnen spiegeln sich alle Rätsel der Welt. Katzenaugen sind eben Katzenaugen. Man kann einem Hund bis in seine treue Hundeseele schauen. Aber Katzenaugen lassen sich nicht entziffern. Sie bleiben verschlüsselt. Darum hat man es nicht gern mit katzenäugigen Menschen zu tun. Nun ja, wenn das Geschlecht der Katzen sich schon seit sechzig Millionen Jahren auf Mäusejagd befindet, hat es eben das Recht, rätselhaft zu sein.
Wir dagegen haben nur eineinhalb Millionen Jahre aufrecht gehender Menschlichkeit hinter uns. Es ist klar, dass eine sechzigmillionenjährige Katze uns Menschen nur bedingt als voll-

wertig anerkennen kann. Den Mäusen hingegen ist das völlig egal. Sie kümmern sich nicht um das Verhältnis von Mensch und Katze. Ihre Sorge geht dahin, nicht von diesen schleichpfötigen Tieren gefressen zu werden. Gestern war unsere Stiftsplatzkatze auf dem Weg zur krummen Treppe, um ihr abendliches Festmahl bei der Gemeindereferentin einzunehmen. Da hatte ein Mäuschen die größenwahnsinnige Idee, genau vor der Katzennase vorbeilaufen zu wollen. Die Katze sah nur noch Maus und vergaß die Treppe. Das Abenteuer der Maus endete im Katzenmagen und damit im Mäusehimmel. Denn es geht nichts von der Schöpfung verloren. Wie allerdings Katze und Maus im Himmel miteinander auskommen werden, hat noch kein Theologieprofessor herausgefunden. Das ist gut so. Der ganze Himmel wird aus Überraschungen bestehen. Eine davon wird auch der himmlische Katz- und Mausfrieden sein. Die Kunst hat sich an diesem Thema versucht. Schon in der frühchristlichen Zeit gab es Darstellungen von Tierpaaren, die sich hier nicht riechen können, im Himmel aber brüderlich zusammenleben werden.
Möge es der mächtigen Katze und der winzi-

gen Maus auch so gehen. Dieser Katzenfrieden mit den Mäusen muss wenigstens für einige Zeit und an einem Ort der Welt schon einmal zustande gekommen sein, nämlich in der Arche Noah. Wäre dem nicht so gewesen, dann hätten wir heutzutage zwar ein Millionenheer von Katzen aller Sorten und Rassen. Aber es gäbe keine einzige Maus.

Vielleicht hatte das in der Arche Noah die Sintflut überlebende Katzenehepaar wegen totaler Seekrankheit keinen Appetit auf Mäuse, was dann das Überleben dieser Tierart ermöglichte. Wir kennen das ja; Wohlleben macht fressgierig, Not macht verträglich – wenigstens manchmal. Also konnten nach der Landung der Arche beide Paare aussteigen und neue Dynastien von Katzen und von Mäusen begründen.

Die Stiftsplatzkatze ist mir inzwischen in die Vorsakristei gefolgt. Da muss sie aber ein energisches Platzverbot in Kauf nehmen. Vielleicht wollte sie sich ihr Ebenbild ansehen. Bei uns gibt es eine Katzendarstellung nahe am Hochaltar. Rechts vorne hat der Maler im Barock die Szene dargestellt, in der Maria von Magdala das Salböl über das Haut Jesu gießt. Als sehr interessierte Beobachterin dieser Handlung sitzt eine Katze auf dem Fensterbrett und wird auch da sitzen bleiben, solange die Gemälde der Neuzeller Kirche existieren. Gemalt ist gemalt. In unserer Kirche hat eine Katze Hausrecht. Sie nimmt es mit absoluter Selbstverständlichkeit wahr. Katzen haben ein großes Selbstwertgefühl. Sie wissen, wer sie sind. Was denkt sich die Katze auf unserem Gemälde eigentlich? Vielleicht betet sie das Gebet, das ich in einem spanischen Buch fand:

„Herr, ich bin die Katze!
Es ist nicht eigentlich so,
dass ich dich um etwas zu bitten hätte.
Nein!
Ich bitte niemanden um etwas.
Aber, wenn du zufällig
in den Speichern deines Himmels
eine kleine weiße Maus hättest
oder eine Schale Milch,
– ich kenne jemanden,
der sie zu schätzen wüsste ...
Wirst du nicht eines Tages
das Volk der Hunde verfluchen?
Denn in diesem Falle
würde ich sagen: Amen."

Alle Geschöpfe der Erde fühlen wie wir,
alle Geschöpfe der Erde
streben nach Glück wie wir,
alle Geschöpfe der Erde lieben,
leiden und sterben wie wir.
Also sind sie uns gleichgestellte Werke
des allmächtigen Schöpfers.

FRANZ VON ASSISI

Alles von der Katz'
Göttliche Augenblicke im Alltag

ELMAR GRUBER

Die Welt
als Weg zu Gott –
Die Welt, in der
Gott vorkommt –
Die Welt:
Menschenhaus und Gotteshaus,
wo Mensch und Gott
ineinander wohnen.

Wer an einen Schöpfer glaubt und an einen Allmächtigen Gott, d. h. an einen Gott, der im All und in allem mächtig ist, der kann in allen Geschöpfen den Schöpfer entdecken, der in den Geschöpfen vorkommt, wie der Künstler in seinem Werk. Er kann sich selbst als Geschöpf in die Schöpfung einordnen und so den Sinn seines Daseins finden. Alle Geschöpfe sind Mitgeschöpfe, Geschwister, die durch einen Vater verbunden sind. Sie werden Zeichen und

Symbole, in denen dieser Gott zur Stelle ist und erfahrbar wird für die, die an ihn glauben. Wer an die absolute Liebe glaubt, kann in der ganzen Welt, in den Beziehungen zu allen Geschöpfen die Spuren und Zeichen dieser Liebe entdecken und durch sie das erlösende Bewusstsein des grenzenlosen Geliebtseins erlangen. Für ihn wird die Welt zum Ort, an dem er die Liebe findet und den Weg zur Erfahrung der unzerstörbaren Freude und Geborgenheit. Gott, die ewige Liebe, ist es, der mich in den glücklichen Augenblicken beglückt; einen Funken ewiger Geborgenheit darf ich spüren in der Umarmung eines Menschen ... Die wichtigsten irdischen Stellen, an denen Glück und erfüllte Anwesenheit erlebt und erfahren werden, sind Nähe und Mahl; liturgisch ausgedrückt sind das Taufe (Nähe) und Abendmahl (Trinken und Essen). In allen Kulturen finden wir kultische Einrichtungen zur Sicherung dieser transzendierenden Urerfahrungen. Nähe und Mahl, die Hauptstellen unserer gegenseitigen Anwesenheit, sind durch unseren Glauben an die absolute Liebe zu den Hauptstellen der Gotteserfahrung geworden: Stellen, an denen Gott zur Stelle ist.

Wenn Gott der Ursprung des Glücks ist, dann ist er auch der Ursprung der glücklichen Beziehungen zu allen Geschöpfen; dann kann ein Löwenzahn oder ein Marienkäfer genügen, um die ewige Liebe und das ewige Geliebtsein zu spüren. So bewahrt der „wahre Glaube“ vor Vereinsamung. Ich muss mich jedoch freimachen von den Blockaden durch Fixierungen. Gott kommt mir oft ganz anders nahe, als ich es erwarte.

Die Tatsache, dass mir Gott durch alle Geschöpfe nahekommen kann und dass er mich anspricht, gerade dort, wo ich es nicht vermute, kann leicht zu dem Irrtum führen, dass ich das Geschöpf mit dem Schöpfer verwechsle: Ich klammere mich an das liebenswürdige Geschöpf und dabei geht mir beides verloren: das Geschöpf, weil es aus sich nicht trösten kann – der Schöpfer, weil ich ihn als Ursprung meines Glücks noch nicht entdeckt habe. Mir fehlt noch der Glaube – mein Glaube an die ewige Liebe. Schon in dieser Welt ruht mein Leben in der Hand Gottes, aus der es nie herausfallen wird.

Durch die Beziehung zu den Geschöpfen, besonders in den Sakramenten, Kultgegenstän-

den und Kulthandlungen, werden die Geschöpfe zu Segenszeichen, zu Symbolen und Medien der ewigen Liebe und des ewigen Daseins, das in Gott gründet. Der Name Gottes „Jahwe“ (Ich bin immer da) bezeugt dies.
Die folgenden Tiergeschichten wollen zeigen, wie einfach Gotteserfahrung sein kann durch die Symbolkraft der Geschöpfe und der menschlichen Erlebnisfähigkeit. Sie wollen ferner unsere Aufmerksamkeit für die unscheinbaren, alltäglichen Dinge schärfen.

Tröstliche Hausbesuche

In meinem Elternhaus, in dem ich mit meinem Bruder wohne, habe ich eine kleine Werkstatt eingerichtet, in der ich im Laufe meines Lebens viele kunstgewerbliche Gegenstände und katechetische Arbeitsmittel anfertigen konnte. Oft habe ich auch mit Jugendlichen dort gearbeitet. Alters- und gesundheitsbedingt musste ich nun diesen Bereich meiner Tätigkeit einstellen, die einen Teil meines Lebens ausfüllte. Als ich nun begann aufzuräumen und abzubauen, fiel ich in Traurigkeit. Da kam ER vorüber –

ER mein höchster Chef. Er setzte sich vor das Werkstattfenster und schaute herein. Er fasste mich ins Auge und ließ keinen Blick mehr von mir. Immer wieder schaute ich hin, aber er ließ mich nicht aus den Augen. Aber dann: ein leichtes Kopfschütteln und er ging wieder. Am nächsten Tag zur selben Zeit ist er wieder da, wie gestern. Aber jetzt fängt er an zu sprechen: „Du da unten! Was schaust du so traurig? Es geht immer weiter! Ein Leben lang hast du vom Loslassen und Fortkommen gepredigt und ganze Kurse gehalten! Jetzt bist du dran! Eine neue, letzte Freiheit erfährst du! Du brauchst nicht mehr gesund sein, nicht mehr jung, nicht mehr tüchtig und leistungsfähig! Ich nehme dir ja alles ab ...“ – Im Verlauf dieses Zwiegesprächs ging mir auf, dass nicht Gesundheit und Jugend das größte Geschenk des Lebens sind, sondern die Freude – die Freude ewig und unverlierbar geliebt zu sein.
Ein leichtes Kopfschütteln und wieder war er weg. Das dritte Mal schaute er nur mehr vorbei. Ich war getröstet. Immer wenn ich ihm begegne, bin ich wieder getröstet. Und jeder, dem ich davon erzähle und der ihm begegnet, ist auch getröstet!

Was war geschehen? Wer war dieser „ER“ jetzt wirklich? – Äußerlich betrachtet: die rote Katze vom Nachbarn; innerlich und eigentlich mein Schöpfer, der seine Boten sendet, mich zu trösten. Die Katze und mit ihr alle Geschöpfe sind das Symbol, der Ort und die Weise der Tröstung. Die Tröstung selbst ist das „Wunder“, in dem mich Gott ganz persönlich erfahren lässt, dass mein Schicksal in seinen Händen geborgen ist.

Das Getröstetwerden ist ein persönlicher, subjektiver, unveräußerlicher, innerlicher Vorgang. Im Getröstetsein gelangt die Tröstung durch den getrösteten Menschen zu einer gewissen objektiven Feststellbarkeit. Der Glaube an den Schöpfer ist freilich die Voraussetzung für die Tröstung durch die Geschöpfe. Diese Katze ist bestimmt nicht Gott! Aber sie hat eine besondere Fähigkeit, Nähe zu verbreiten. Sie geht zu jedem hin, sie geht in jedes Haus und lässt sich streicheln, sie schaut immer wieder nach, und so gehört sie bereits zur Sozialstation unseres Wohnviertels.

Das Böse wird gut

Es geschah vor mehreren Jahren. Die rote Katze des Nachbarn war noch jung und sie bevorzugte unseren Garten zum Stelldichein mit den Katzen anderer Nachbarn. Wir, mein Bruder und ich, sind Mitglieder des Vogelschutzvereins und begeisterte Vogelliebhaber. Darum konnten wir in unserem Garten keine Katze dulden. Sobald eine Katze sichtbar wurde, wurde sie auch schon mit Zisch- und Schimpflauten in die Nachbargärten vertrieben. Nun das Ereignis: Es war ein sommerlicher Sonntagmorgen. Ich wollte zur Kirche, den Kopf noch voller Predigtgedanken zur Bergpredigt, und nun gehe ich aus dem Haus. Wer sitzt vor der Türe, als ob sie auf mich gewartet hätte? – Die rote Katze! Sie hätte längst wissen müssen, dass sie bei uns nichts verloren hat. Ich setze auch sofort meine Zisch- und Schimpflaute ein und sehr unwillig beginnt sich die Katze fortzubewegen in Richtung Gartentüre, unter der sie sich sonst immer auf die Straße zwängte.

Heute blieb sie ein paarmal stehen und schaute sich um, als wollte sie fragen: Willst du mich immer noch vertreiben? Schließlich kam sie an die Grenze, an die Gartentüre. Ich zischte und schimpfte weiter, aber sie ging nicht mehr weiter, sie schaute mich nur fassungslos an. Mit diesem Verhalten hatte ich nicht gerechnet. Auch bei mir hatte sich etwas geändert: Ich konnte nicht mehr weiterzischen. Und prompt kehrt die Katze um, kommt mir friedlich entgegen, umstreichelt schnurrend meine Füße, auf die sie sich dann legt. Beruhigend spüre ich ihre Wärme. Während ich die Katze auf meinen Füßen betrachte, wird mir plötzlich bewusst: Ich muss ja in die Kirche, und die Predigt habe ich auch noch nicht fertig! Die Katze schaut mich an, als wolle sie sagen: Genügt es dir noch nicht, was du erlebt hast? Du wolltest mich verjagen und ich bin auf dich zugegangen, zahm und friedlich und habe dich gestreichelt! Da kommen die Einfälle. Mir ist, als ob der Schöpfer selber zu mir spricht, wie zu den Propheten: Sag den Menschen: Ihr wollt mich immer wieder vertreiben aus eurer Mitte, aus dem Paradies – nicht ich vertreibe euch! Aber ich gehe nicht von euch! Ich dränge mich nicht auf, aber ich höre nicht auf, euch zu lieben. Immer wieder versuche

ich, euch zu zeigen, dass ich euch immer nahe bin. Irgendwann werdet ihr begreifen, dass nur die Liebe den Hass besiegt, ihr werdet erfahren, dass ihr lieben könnt, weil ich euch immer entgegenkomme. Vielleicht verstehst du mich eher, wenn ich dir eine Katze schicke und durch sie zu dir komme und dir zeige, dass ich dir nahe bin. Die Theologen sind oft weit weg von mir.
Während ich so meditiere, geht mir immer mehr die Tiefe der Bergpredigt auf: Tut Gutes denen, die euch hassen! Nun hatte ich etwas zu sagen: Ich erzählte von der Katze und meinem Erlebnis mit ihr. Die Menschen haben gespannt zugehört. Viele Zuhörer von damals haben bis heute die Katze und Gott nicht mehr vergessen.

Platz nehmen,
Platz geben,
Platz haben,
sein dürfen.

Jahre vergingen. Mein Verhältnis zur roten Katze hat sich sehr positiv entwickelt, zumal die Katze viel Interesse zeigte. Mit den Vögeln

– nun ja, ich habe sie nie auf frischer Tat ertappt und schließlich kann sie ja auch nichts dafür, dass sie eine Katze ist. Bemerkenswert ist ihre Neugierde und Angstlosigkeit. Dort, wo ihre Artgenossen davonlaufen und fliehen, bleibt sie stehen und schaut, was los ist. Inzwischen kennt sie sich genau aus in unserem Garten und sie hat ihre festen Wege und Plätze gefunden.
Wir haben in einer Gartenecke einen sehr angenehmen Sitzplatz eingerichtet. Viele Meditationen konnte ich dort zu Papier bringen. Oft kam dabei auch die rote Katze auf Besuch. Nun geschah es: Ich saß wieder draußen – es war ein windstiller, sonniger Augustnachmittag – und quälte mich mit einer Betrachtung zu dem Augustinuswort: „Der Platz des Menschen ist am Herzen Gottes.“ Was ist das, der Platz des Menschen? Auf einmal fand ich das Wort „Platz“ höchst eigenartig; was ist überhaupt ein „Platz“? Im Etymologie-Duden lese ich: „freie umbaute Fläche“; „Ort, Stelle, geschlossene Anlage, verfügbarer Raum“. Ich lege den Duden wieder weg und bemerke ganz unerwartet: Die rote Katze sitzt neben mir, ihr Blick bohrt sich herausfordernd in meine Au-

gen. Ich beginne mit ihr zu reden: Was willst du schon wissen vom „Platz und Platz am Herzen Gottes“! Fast beleidigt kommt die Antwort: Du Pfarrer du, bist du blind, siehst du nicht, ich bin gekommen und habe mich zu dir hingesetzt, „zu deiner Rechten“. Kapiere doch endlich: Ich habe bei dir Platz genommen! Ich „besitze“ einen Platz bei dir. – Wir schauen uns eine ganze Weile in die Augen. Nun kommen die Einfälle und die Auffälligkeiten: Ich sitze neben der Katze, obwohl ich mich gar nicht hingesetzt habe. Die Katze hat bei mir Platz genommen und hat mir dadurch bei sich Platz gegeben. Platz haben ist ein inneres und äußeres Geschehen, ein Geschenk aus der Fülle des ewigen Seins. Man kann nur gegenseitig Platz haben. Auch wenn ich äußerlich Platz gefunden habe, ist noch nicht gesagt, dass ich auch innerlich Platz gefunden und genommen habe. Platz haben ist die Voraussetzung, dass ich sein kann, dass ich gerne sein kann, dass ich mich freuen kann, dass es mich gibt. Auch wenn ich auf dich zugehe und mich bei dir „niederlasse“, ist das Platzfinden ein Geschenk, das ich nicht machen kann. Ein Tier, ein Baum, eine Blume, ein Berg ... kann zum „Platzanweiser“ für mich

werden. – Meine Katze lässt mich erleben ... mein Schöpfer lässt mich durch die Katze erleben, dass ich da bin, dass ich ein „Wo“ habe, wo ich „hingehöre“, wo ich ich bin, wo ich daheim, ganz bei mir selber bin. Der Lebenserfahrene kann es bestätigen: Wenn ich ganz bei mir bin, bin ich ganz beim Schöpfer und bei allen Geschöpfen. Gott ist mir näher als ich selbst (Augustinus). Wenn ich so durch meinen Besuch angeregt ins Träumen komme, muss ich an die vielen unglücklichen Menschen denken, die ich kenne, die sich in ihren Beziehungen aufreiben, weil sie – trotz äußeren Beisammenseins – nicht Platz nehmen und keinen Platz geben. Nur Gott ist grenzenlos im Dasein, – wir brauchen einen Platz in diesem göttlichen Dasein.
Es ist Abend geworden. Der Platz der roten Katze ist leer. Aber sie hat mir einen Platz, ihren Platz hinterlassen. Und ich habe eine Ahnung bekommen von den ewigen Plätzen. Mir ist in der Tiefe das Jesuswort aufgegangen, das sein ganzes Erlösungswerk beinhaltet: „Ich gehe hin, euch einen Platz zu bereiten ... damit ihr seid, wo ich bin“ (Joh 14,2-3). – Es muss ja nicht immer eine rote Katze sein, die kommt und Platz nimmt.

Was ich pflege, das
pflegt mich,
was ich berühre, das
berührt mich,
was ich streichle, das
streichelt mich.

Die rote Katze hat inzwischen unseren Garten als ihr Revier erklärt und auch als solches vor ihren Mitkatzen gekennzeichnet. Innerhalb dieses Reviers hat sie in der Sitzecke des Gartens ihren Lieblingsplatz auf einem Liegestuhl erwählt, von dem sie sich ungern vertreiben lässt, wenn sie gerade dort sein will. Ich habe öfter Besprechungen und kleine Konferenzen in der Sitzecke und wenn die rote Katze da ist, fühlt sie sich dazugehörig und zur Anwesenheit verpflichtet. Die Katze ist zum „Anwesen" in unserem Garten und in unserer Sitzecke geworden. Jeder, der in den Garten kommt, sieht nach der Katze, ob sie da ist, ob sie schläft. Oft legt sie sich auf den Rücken und wartet darauf, dass jemand hingeht und sie streichelt. Meistens braucht sie auch gar nicht lange darauf zu warten, denn es ist auch für mich schön, die Katze zu streicheln. Ich fühle mich gestreichelt durch das Angorafell der roten Katze, über das ich streichle. Die Katze bringt in doppelter Hinsicht Nähe: Sie kommt nahe und sie lässt nahekommen. Der Ursprung der beglückenden Näheerlebnisse, die die Nähesymbole und Symbolhandlungen vermitteln, ist für den Glaubenden die ewige Liebe, Gott. Interessant sind in diesem Zusammenhang die Ereignisse in der Nähe Jesu: Jesus geht hin, er kommt den Menschen, den Kranken, den Leidenden, ja den Toten nahe und heilt sie. Ebenso lässt er die Menschen in seine Nähe; er ruft sie in seine Nähe. Die rote Katze macht keine Unterschiede: Sie lässt alle an sich heran und geht in jedes Haus; sie hat im Vergleich zu ihren Artgenossen wenig Angst vor den Menschen. Diese Angstlosigkeit nimmt andererseits auch den Menschen die Berührungsängste. Wir Menschen können jedoch nicht alle und alles uns nahekommen lassen, denn auch das Böse schleicht sich ein in die Nähe. Die Tatsache, dass Gott alle Menschen liebt und seine Sonne aufgehen lässt über Gute und Böse, dass er seine Liebe allen Geschöpfen durch seine Geschöpfe zukommen lässt, kann uns ermutigen, dass auch wir uns um die liebende Nähe be-

mühen, wo Hass und Zwietracht die Harmonie der Schöpfung stören.
Lass dich streicheln! Streichle eine Blume, ein Tier, ein Kind! Vielleicht findest du die Nähe wieder, in der das Glück wieder glückt.

Abschied und Fortschritt

Die Katze ist alt geworden. Müde und teilnahmslos liegt sie auf ihrem Platz in der Sitzecke. Immer seltener wird ihr Besuch. Irgendwann wird sie nicht mehr kommen; irgendwann wird sie tot sein – fortgeschritten für immer.
Tot – was ist das? Wenn mich ein Kind fragt: „Bekomme ich im Himmel meine Katze wieder?", so kann ich ohne Wenn und Aber sagen: „Ja!" Alles, worin Liebe war, kann nicht mehr sterben. Natürlich ist das ewige Leben für einen geistbeseelten Menschen anders als für ein Tier oder eine Pflanze. Wir können die Art der Ewigkeit der Geschöpfe und der Schöpfung höchstens erahnen, aber nicht erfassen. Eine Blume, die einmal geblüht hat – ein Tier, das einmal gelebt hat –, ist nie mehr

als ein Geschöpf, das nicht da war. Alle Symbole und Medien der Liebe und des ewigen Lebens gehen nicht unter im Nichts. Durch Zeichen und Symbole, durch das Gedächtnis und die Erinnerung, durch die vermittelte Liebe und das in uns bewirkte Leben bleiben die Geschöpfe lebendig. So wie es eine „Gemeinschaft der Heiligen“ gibt, gibt es auch die Gemeinschaft aller Geschöpfe, die im Schöpfer gründet und in ihm vollendet wird. Das Wie ist uns verborgen, aber die Erfahrung der Liebe in der Schöpfung gibt uns eine Ahnung davon. Im Halsband der Katze bleibt ihre Geschichte verborgen, ihre Geschichte mit Gott und den Menschen, ihre Geschichte mit der göttlichen Welt und dem weltlichen Gott. „Das Vergangene vergeht nicht“ (C. F. von Weizsäcker). In der Erinnerung bleibt die rote Katze mit dem Angorafell wirklich und lebendig – wirklich lebendig.

Warum können Katzen
wunde Seelen heilen?
Sie haben keinerlei Vorurteile,
unterliegen keinem Schönheitsideal.
Ihnen ist es gleichgültig,
ob wir hübsch oder hässlich,
mager oder fett sind.
Sie messen uns nicht
an beruflichen Erfolgen,
kennen keine IQ-Unterschiede,
arm oder reich – egal!
Das haben sie jedem Menschen voraus!

UNBEKANNT

Die Katze schnurrt um Mitternacht

PETER BIQUÉ

Da sitzt etwas auf meinem Bauch. Irgendetwas scheint da auf meinem Bauch zu sitzen. Ich blinzele und luge nach dem Digitalwecker. Es ist kurz nach Mitternacht.

Vor gut zwei Stunden bin ich zu Bett gegangen, und es fühlt sich so an, als sei ich gerade in die erste Tiefschlafphase eingetaucht. Aber ich kann es nicht leugnen, es lässt sich nicht mit einem Schulterzucken oder einer lässigen Handbewegung abtun: Da sitzt etwas auf meinem Bauch. Und dieses Etwas schnurrt. Dieses Etwas schnurrt laut und behaglich. Dieses Etwas schnurrt weltmeisterlich, und außerdem muss ich zweifelsfrei erkennen, dass dieses Etwas mich unentwegt anschaut.

Und jetzt ist es auch vorbei mit meinem Schlaf: Ich bin endgültig aus der Tiefschlafphase heraus, und ich habe begriffen, was da so beharrlich sitzt und schnurrt: Es ist meine

Katze. Mein schwarz-weißer Kater Micki sitzt auf meinem Bauch und schnurrt.

Ein anhänglicher Freund

Na ja, gut, was bleibt mir schon übrig, was soll ich denn machen. Er ist ja ein lieber Kerl, ein anhänglicher Freund, und ich fange an, ihm übers Köpfchen zu streicheln; und ich kraule seinen Rücken, und er schnurrt und schnurrt und schnurrt. Ich hatte in meinen jüngeren Jahren einmal einen italienischen Sportwagen, und damals hat der Motor auch so schön geschnurrt. Aber eigentlich gefällt mir Mickis Schnurren sogar noch besser, denn es ist ein lebendiges Schnurren, das Schnurren eines liebenswerten Schmusetieres.

Ein Nachtjäger

Micki sitzt auf meinem Bauch und schnurrt. Mitternacht ist vorbei, mit meinem ersten Schlaf bin ich gescheitert, aber Micki ist da und pocht auf sein gutes Recht als mein Haustier.

Micki ist von Natur aus ein Nachtjäger, und seine üblichen Streicheleinheiten holt er sich auch gern mitten in der Nacht ab. Es wäre herzlos von mir, wenn ich ihn daran hindern wollte.
„Mickilein“, sage ich leise, „du bist ein klasse Kater. Du kannst prima schnurren. Ich weiß zwar nicht so genau, wie du das machst mit der Schnurrerei, aber es klingt irgendwie anheimelnd, und du hast ein schönes weiches Fell.“
Micki beißt mir leicht in den Arm. „Ich weiß, Kumpel“, sage ich, „wenn du genügend Streicheleinheiten konsumiert hast, dann willst du etwas zu futtern. Das möchtest du mir jetzt sagen, indem du mir in den Arm beißt.“
„Sei froh“, sagt Micki, „dass ich dich nicht kratze. Ich bin nämlich ein Tier mit Krallen.“
Er beißt mich ein wenig fester in den Arm.
„Schon gut“, brummele ich, „du sollst dein Nachtfutter bekommen.“
Ich richte meinen Oberkörper langsam auf, und Micki hopst mit einem Satz ans Fußende des Bettes. Ich wuchte mich hinaus, und im Schummerlicht der Nacht erkenne ich, wie Micki mir voranschreitet, den schwarzen Schwanz in die Höhe gereckt.

Wir gehen in die Küche. Der Weg ist uns beiden gleichermaßen vertraut. Aus dem Futterlager suche ich eine Tüte von Mickis Lieblingsfutterherstellerfirma heraus. Geschmacksrichtung Lachs und Forelle. Ich drücke das Zeug in den Futternapf hinein, und Micki beginnt unverzüglich zu schlabbern und zu schmatzen.
Ich tapse wieder zurück ins Bett. Ein paar Minuten später merke ich, dass Micki sich an meiner Seite niederlässt. Nach einer tüchtigen Mahlzeit ruht er sich gern ein wenig aus.

Die Katze ist das Meisterstück der Natur.

LEONARDO DA VINCI

Pfarrhauskatze Gina im Glück

HEIKE WENDLER

Es war Aschermittwoch, die Messe war vorbei und die Gottesdienstbesucher machten sich gerade auf den Heimweg. Dank eines ausgeprägten Hochdruckgebiets aus Russland hielt die arktische Kälte an, was Frau Löffler veranlasste, den hübschen Kunstpelzkragen an ihr Twinset zu knöpfen.

„Die Winter werden immer kälter! Letztes Jahr schon diese extremen Minusgrade, und nun geht es auch schon eine Ewigkeit so! Und da faseln die dauern was von Erderwärmung! Hier erwärmt sich gar nichts!“, brummte sie vor sich hin, während sie sich die größte Mühe gab, vier Gläser und einen ganzen Packen Altpapier unter dem Arm gleichzeitig in den Keller zu bugsieren. Gut, sie hätte auch zweimal gehen können, dachte ich mir, als ich sie vorsichtig um die Kurven und die Treppen herunterwanken sah, aber das wäre ihr natürlich nie in den Sinn gekommen. Auch wenn sie sich

mit dem Pfarrer nun geeinigt und die Notwendigkeit eingesehen hatte, dazu stand sie nun, auch wenn ihr die Tonnen nach wie vor ein Dorn im Auge waren.
„Ich bin schließlich kein Naturbanause!", hatte sie Marga Beier erst neulich im Brustton tiefster Überzeugung erklärt. „Außerdem hat Gott uns diese Welt nicht zum Kaputtmachen überlassen, da hat Pfarrer Winter absolut recht. Schlimm genug, dass noch so viele Menschen auf der Welt leiden müssen!"
Dass Pfarrer Winter diese Worte schmunzelnd hinter der angelehnten Tür mitgehört hatte, ahnte sie indes nicht. Und in dem Fall, so hatte ich spontan und vor allem aus dem Gefühl der Stimmungsverbesserung zwischen dem Pfarrer und mir heraus beschlossen, muckste ich mich kein bisschen. Nur zu schätzen wusste das unser Herr Pfarrer natürlich nicht.
Er ging mir nach wie vor aus dem Weg. Dabei hatte ich so sehr gehofft, dass die Offenheit von seinem Bruder Konrad auch irgendwie auf ihn abfärben würde. Der Doktor hatte es ihm doch erklärt! Aber er behandelte mich weiterhin wie Luft und machte einen großen Bogen um mich, als sei ich ein tollwütiges wildes

Tier. In der vergangenen Nacht hatte ich sogar schon ernsthaft darüber nachgedacht, mich beim nächsten Besuch von Dr. Winter einfach in seinem Jeep zu verstecken. Ob er mich dann mit nach Hause nehmen würde? Jeden Tag ausgiebige Streicheleinheiten, mir krabbelte schon allein bei dem Gedanken daran voller Vorfreude das Fell. Andererseits, und das gab den Ausschlag für mein Bleiben, war Max hier in Ringelreuth. Und Frau Löffler. Beide brauchten mich, also konnte ich nicht egoistisch nur an mich denken. Auch wenn mir die gemeine Ignoranz unseres Pfarrers schon ganz schön aufs Gemüt schlug.

Nachdem Flucht und Kapitulation ausgeschlossen waren, widmete ich mich an diesem späten Vormittag meinen normalen Tätigkeiten. Pfarrer Winter war zu ein paar Hausbesuchen unterwegs, als er zurückkam, verschwand er gleich wieder in der Kirche, um mit Küster Wollersheim die beiden anstehenden Beerdigungen durchzusprechen. Traurige Pflichten. Die Angehörigen zu beruhigen und tröstende Worte für Menschen zu finden, die er ja noch kaum kannte, war wirklich keine leichte Aufgabe. Dass er sich ihr gut stellte, davon war ich überzeugt. Mit seiner zwar gewöhnungsbedürftigen, aber durchaus liebevoll-menschlichen Art, die von seiner typischen Zurückhaltung geprägt war, verschaffte er sich zunehmend Anerkennung und Respekt. Zumindest bei denjenigen, die in solchen – offenkundig traurigen – Angelegenheiten seine nähere Bekanntschaft machten. Andere, wie die Geißlers oder auch der Rabenstein, ja selbst Wollersheim, waren da deutlich zurückhaltender. Sie waren eben noch unseren Pfarrer Hausmann gewohnt, der so ganz anders war.

Ich tigerte zu Frau Löffler in die Küche, die mittlerweile wieder dahin zurückgefunden hatte, wenngleich ihr Gesichtsausdruck im kompletten Gegensatz zu ihrem fellkragenbesetzten lila Twinset stand. Gute Laune zeigte sich bei ihr normalerweise anders.

„Stinken tut es da unten, Gina, geh da bloß nicht runter!“, warnte sie mich, und ich verzichtete darauf, ihre Behauptung zu überprüfen. Wenn ich eines, neben lauten Geräuschen, auf den Tod nicht ausstehen kann, so sind es üble Gerüche. Zum Glück ging es Frau Löffler ähnlich und sie sinnierte sofort darüber nach, wie sie die Luft im Keller verbessern konnte.

„Wenn ich Schüsseln mit Duftöl aufstelle und Lavendelsäckchen aufhänge, dann müsste es gehen“, überlegte sie laut. Noch vor ein paar Wochen hätte sie auf dieses fiese, süßliche Raumspray gesetzt, dank Ökowelle im Pfarrhaus bleibt mir diese Tortur nun erspart. Nicht jede Neuerung, die unser Pfarrer Winter einführte, war also zu meinem Nachteil.
Ich beschloss, meine Runde durchs Dorf zu machen, trotz Russlandhochs und Minusgraden. Etwas Bewegung braucht selbst eine geschmeidige Pfarrhauskatze wie ich. Hugo Bottling, unser Organist, verließ gerade die Kirche. Wie immer war er in Eile. Er wurde sicher schon in der Nachbargemeinde erwartet. Er hatte sich den Hut tief in die Stirn gezogen und trug seine zerknautschte alte Aktentasche unter dem Arm, in der er seine Notenblätter zu transportieren pflegte. Ich sah Stefan Geißler aus dem Seiteneingang des Wirtshauses stolpern. Er verharrte eine Weile an der Ecke und sah sich suchend um. Neugierig streckte ich mich so weit wie möglich vor, um meinen Blickwinkel zu vergrößern. Und richtig, ich hatte es ja fast vermutet, aus Richtung Dorfmitte schlenderte wie zufällig Lissy Sternbach

heran. Als sie Stefan Geißler erblickte, gab sie ihm mit der Hand ein Zeichen und beide setzten sich auffällig zeitgleich Richtung Kirchenportal in Bewegung. Dort redeten sie heftig aufeinander ein. Natürlich entging meinem brillanten Gehör kein einziges Wort.

„Also, warum wolltest du mich unbedingt gleich jetzt sprechen?“, zickte Lissy sofort los. „Was in aller Welt kann so wichtig sein, dass du mir einen Zettel zustecken musst, auf dem du mich hierher beorderst?“

Auwei, dachte ich. Was ist denn da passiert? Einen so scharfen Tonfall hatte sie ja noch nie angeschlagen!

„Ach was? Wer von uns hat denn keine Zeit mehr?“, reagierte Stefan mit vor unterdrückter Wut bebender Stimme. „Wenn ich dich treffen oder auch nur am Telefon sprechen will, hast du ständig was anderes vor, mal die Theatergruppe in der Schule, dann die Hausaufgabenhilfe und so weiter, wir kommen kaum noch auf einen gemeinsamen Nenner! Oder du musst halt zeitig zu Hause sein, damit deine Eltern nichts merken! Aber für Frank hast du offenbar jede Menge Zeit!“

Lissy rollte theatralisch mit den Augen. „An

deiner Stelle würde ich noch lauter schreien, Stefan!", zischte sie. „Damit gleich das ganze Dorf hört, was für ein eifersüchtiger Spinner du bist!"
Frank Weidner war ein Mitschüler der beiden und offensichtlich hinter Lissy her. Sieh an, wer hätte das gedacht? Wenn ich mir's recht überlegte, ja, der Stefan war ganz schön eifersüchtig, auch wenn er gerade dabei war, dies mit aller Vehemenz zu bestreiten. Doch weibliche Wesen aller Art haben dafür einen besonderen Sinn, ich verstand gut, dass Lissy genervt war. Aber sollte sie sich nicht auch wenigstens ein bisschen geschmeichelt fühlen? Sie stritten sich noch eine Weile, ohne dass mir so richtig klar wurde, worüber eigentlich. Er war eifersüchtig, so viel hatte ich verstanden. Warum Lissy sich aber so aufführte, verstand ich nicht ganz. Teenager eben, würde meine Frau Löffler sagen, die versteht niemand. Deshalb gab ich es auch auf und verkroch mich, nachdem beide in verschiedene Richtungen eindeutig wutentbrannt weggestapft waren, ins Pfarrhaus. Ein kleiner Snack wäre jetzt nicht schlecht, zum Glück hatte Frau Löffler mein Schälchen schon aufgefüllt und sogar Milch

bereitgestellt, ich ließ es mir also schmecken und versuchte den Streit meines Lieblingsliebespaars aus dem Kopf zu bekommen. Während ich noch darüber nachdachte, klingelte im Flur das Telefon.

Frau Löffler nahm ab und ging dann hinauf in Pfarrer Winters Arbeitszimmer, in dem der Pfarrer mit dem Wollersheim inzwischen über dem Gemeindehaushalt brütete. Die finanzielle Lage der Gemeinde war, so viel ich mitbekommen hatte, zwar nicht wirklich prekär, aber doch angespannt. Und unser Pfarrer hatte ein paar Ideen in Sachen Jugendarbeit und Seniorenbetreuung, die Geld kosteten. Außerdem war da ja noch die Erzieherin im Kindergarten, die Pfarrer Winter unbedingt halten wollte, auch das gab es nicht umsonst. Und Mittel dafür mussten auch irgendwo lockergemacht werden, wie Wollersheim vorhin Frau Löffler im Flur erklärte, bevor er sich in die Höhle des Löwen wagte.

Ich bezog meinen Lauschposten am Treppenabsatz und putzte mir betont gelangweilt das Brustfell.

„Frau Beier hat gerade angerufen“, sagte Frau Löffler. „Ihr Mann ist gut in der Klinik ange-

kommen. Sie wollte sich auch noch einmal ganz herzlich für die Hilfe bei Ihnen bedanken, Herr Pfarrer."
„Hat sie schon mit ihrem Mann gesprochen?", erkundigte er sich.
„Nein", antwortete Frau Löffler. „Der Arzt hat ihr erklärt, dass es in den ersten Wochen am besten ist, wenn die Patienten keinen Kontakt zu ihren Angehörigen haben. Später werden diese dann aber in die Therapie einbezogen."
„Hm, gut, ich werde sie nachher mal aufsuchen. Ich schätze, sie hat keine leichte Zeit hinter und auch vor sich. Ein wenig Beistand kann da helfen! Außerdem hätte ich da sowieso noch was mit ihr zu besprechen", sagte er. „Wegen der Jahreshauptversammlung der Katholischen Frauengemeinschaft." Er kratzte sich am Kopf. „Ich werde später bei ihr vorbeischauen", sagte er dann.
„Gut, Herr Pfarrer. Sagen Sie mir Bescheid, wann Sie loswollen, dann fahre ich Sie hin", sagte Frau Löffler und wandte sich zum Gehen.
„Ach nein, das ist nicht nötig, Frau Löffler", erwiderte er.
„Ich fahre mit dem Rad. Ein bisschen Bewe-

gung wird mir guttun, nach all dem Zahlenkram."
„Aber, Herr Pfarrer, das sind an die zehn Kilometer bis raus zu den Beiers, und das bei dieser Kälte!", gab Frau Löffler zu bedenken.
Der Pfarrer lächelte sie an. „Es gibt kein schlechtes Wetter, Frau Löffler", sagte er. „Nur unpassende Kleidung. Und ich gedenke, mich entsprechend anzuziehen."
Nach dem Mittagessen, Wollersheim war gerade gegangen, zog Pfarrer Winter sich warm an, spannte die Fahrradklammern um die Hosenbeine und machte sich auf den Weg zum Schuppen, um das Oldtimer-Fahrrad zu holen, das er von den Geißlers bekommen hatte und jetzt ständig benutzte. Auch wenn es wackelig aussah, verkehrstüchtig schien es zu sein, zumindest nutzte unser Pfarrer es leidenschaftlich gerne. Er schwang sich auf den Sattel und eierte los. Ich war fassungslos. Es waren minus sieben Grad und wir hatten eine geschlossene Schneedecke, unter der sich teilweise massives Eis befand. Während ich ihm so hinterhersah, hatte ich ein höchst merkwürdiges Gefühl. Und plötzlich erinnerte ich mich wieder an jenen verhängnisvollen Nachmittag, an dem

Pfarrer Hausmann gestorben war. Auch er war damals zu den Beiers unterwegs gewesen. Zum Glück wurde ich durch Schritte abgelenkt, als jemand stapfend das Wirtshaus verließ. Es war Stefan Geißler. Auf dem Weg in den Ort, besser gesagt, auf dem Weg zur geheimen Ortsumgehung, die alle Jungs seines Alters nahmen, wenn keiner merken sollte, wohin sie unterwegs waren. Stefan Geißler jedenfalls nahm diesen Weg häufig. Und immer dann, wenn er sich mit Lissy traf. Ob sie sich nach dem Streit von vorhin wieder versöhnen wollten? Ich zögerte einen Moment, die Ablenkung, so überlegte ich, würde mir sicher guttun. Also tigerte ich langsam hinter ihm her. Zu langsam, denn Stefans Abstand vergrößerte sich stetig. Meine Güte, hatte der es aber eilig! Ich versuchte, mit seinem Tempo Schritt zu halten, doch vergeblich. An einer verschneiten Lichtung hatte ich ihn aus den Augen verloren. Den Weg, den er hätte einschlagen müssen, wäre er auf dem Weg zu Lissy gewesen, hatte er nicht genommen, den konnte ich nämlich einsehen, die anderen beiden nicht. Und da ich nun keine Vorstellung mehr davon hatte, wohin er unterwegs war und ich bei der Kälte auch nicht sinnlos in der Gegend herumirren wollte, drehte ich ab. Nicht jedoch, ohne noch einen intensiven Blick auf die drei Wege zu werfen. Waren das nicht Reifenspuren dort drüben? Plötzlich war mein ungutes Bauchgefühl wieder da. Unser Pfarrer würde doch nicht etwa bei diesen Straßenverhältnissen die Abkürzung zu den Beiers über den Waldpfad genommen haben? Dann hätte er nämlich den mittleren Weg nehmen müssen. Fast schon automatisch setzten sich meine Pfoten in Bewegung und richtig, da waren unübersehbar Fahrradspuren auf dem Weg!

Ich folgte ihnen, so schnell ich konnte. Hinter einer Biegung, fast exakt auf halber Höhe zwischen unserem Pfarrhaus und dem Anwesen der Beiers, fand ich unseren Pfarrer. Er lag neben seinem Fahrrad im Schnee und hatte sich ganz offensichtlich böse wehgetan. Zum Glück trug er grundsätzlich einen Fahrradhelm, sodass er hoffentlich von schweren Kopfverletzungen verschont geblieben war. Ich sputete mich und als ich bei ihm ankam, hob er leicht seinen Kopf. Dem Himmel sei Dank, er war bei Bewusstsein! Er schien nur mein Maunzen wahrzunehmen, denn mit meinem weißen Fell war ich im Schnee praktisch unsichtbar. Mein Pfarrer brauchte meinen Beistand, das erfasste ich sofort.

„Gina?“, murmelte Pfarrer Winter. „Bist du das?“

„Ja, natürlich!“, mauzte ich zurück, doch das verstand er ja leider nicht. Aber er hatte mich angesprochen! Zum allerersten Mal hatte er mich mit meinem Namen angesprochen und nicht bloß „Katze“ zu mir gesagt! Wenn die Situation nicht so beängstigend gewesen wäre, ich hätte vor Freude losgeheult.

„Wie kommst du denn hierher?“, sprach er weiter. Offenbar war er nun, als er so hilflos am Boden lag und Schmerzen hatte, sogar an einer längeren Konversation mit mir interessiert. Leider drängte die Zeit. Seine Lippen waren schon blau angelaufen. Die Kälte, der er unweigerlich ausgesetzt war, während er so am Boden lag, war kreuzgefährlich.

„Ich hole Hilfe!“, versprach ich und sah mich um. Das Fahrrad musste über den verschneiten Ast in der Mitte des Weges gefahren und abgerutscht sein. Und dann war er so unglücklich gestürzt, dass er nicht mehr allein hochkam – grauenhaft!

Ich sauste, so schnell ich konnte, zurück ins Dorf, direkt ins Wirtshaus. Schon im Laufen hatte ich mir einen Plan zurechtgelegt. Frau Löffler zu alarmieren, war zwecklos, ehe sie begriff, was ich ihr sagen wollte, war unser armer Pfarrer vielleicht schon längst erfroren. Und leider war Dr. Winter ja nicht mehr da, der hätte mich sicher verstanden. Nun musste es auch so gehen.

„Max!“, keuchte ich, als ich das die Stufen zum Hintereingang der Geißlers hinaufstürmte. „Max? Komm schon, wo bist du?“

„Hier!“, hörte ich es aus dem Flur schmatzen. „Ich nehme gerade einen kleinen Snack zu mir. Willst du auch was?“

„Nein, Max, komm schon, Pfarrer Winter ist verunglückt, mit dem Fahrrad, im Wald! Er kann nicht mehr allein aufstehen und braucht unsere Hilfe, los, nun mach schon!“ Es dauerte eine gefühlte Ewigkeit, bis Max begriff.

„Pfarrer Winter liegt im Wald und ist verletzt?“, wiederholte er schließlich. „Aber es ist kalt draußen, er erfriert doch!“

Oh dieser Bernhardiner! Wie begriffsstutzig können Hunde nur sein?

„Schön, dass du es auch schon erfasst hast,

Max! Los, bell jetzt, aber laut! Richtig laut! Alle müssen dich hören! Die Geißlers und Frau Löffler und je mehr, desto besser! Dann ziehen wir uns langsam Richtung Unfallstelle zurück und locken sie so dorthin, verstanden? Das hat doch schon mal geklappt!“, machte ich ihm Mut.

Max’ bedeppertem Gesichtsausdruck nach zu urteilen, stand er kurz davor, angesichts dieses Unfalls in Tränen auszubrechen.

„Oh je, das ist ja grauenhaft!“, brummte er mit belegter Stimme. „Der arme Pfarrer Winter! Wo er doch so ein Lieber ist!“

„Max!“, schimpfte ich. „Nun mach schon! Jede Minute zählt! Jammern und ihn bedauern kannst du hinterher immer noch! Aber erst müssen wir mal dafür sorgen, dass er gefunden und versorgt wird, und zwar bevor er erfroren ist!“

Max nickte. Dann schnappte er nach Luft und bellte los. Laut und eindringlich, ein eindeutiges Alarmsignal in meinen Ohren. Leider nicht in denen von Stefan, der plötzlich neben uns auftauchte und Max streichelte. Seinen verschneiten Hosenbeinen nach zu urteilen war er durch den tiefen Schnee gewatet, kein

Wunder, dass er mir entwischt war. In derartige Gefilde begab ich mich nicht. Aber nun war er wieder da und reagierte auf unseren Alarm.
„Hey, mein Alter, was ist denn?“, fragte er, während er Max streichelte. Doch was machte Max, der alte Trottel nun? Hörte auf zu bellen und ließ sich von Stefan kraulen.
„Verdammt, Max, nun belle gefälligst! Denk an den Pfarrer!“
Max riss sich zusammen und setzte wieder an. Nun half auch das Streicheln von Stefan nichts mehr, Max bellte und bellte, während ich ihm fleißig zuredete, mir zu folgen. Dann kamen Frau Geißler und Herr Geißler, redeten abwechselnd aufeinander, auf Stefan und auf Max ein, während wir schon draußen vor dem Pfarrhaus waren. Nun schnappte Max erneut Luft und fing an zu jaulen, was fast noch schlimmer war als sein Bellen, viel durchdringender und höher, ein grässliches Geräusch. Das alarmierte auch Frau Löffler, die sich den ratlosen Geißlers anschloss. So lockten wir sie Meter für Meter auf den Umgehungsweg. Dort angekommen, schloss sich uns Lissy an, die zufällig gerade dort war, und wenig später holten uns noch Küster Wollersheim und Ernst

Heimerich ein, die gemeinsam vom Bürgermeister kamen. „Was ist denn hier los?“, wollte Wollersheim von Frau Löffler wissen, doch die schüttelte nur den Kopf.

„Der Max muss was gefunden haben, hier draußen, er macht einen solchen Lärm, unglaublich. Wir sind ihm gefolgt, um nachzusehen.“

Wollersheim und auch Heimerich gaben sich mit der Erklärung zufrieden.

„Los, Max, jetzt schneller!“, feuerte ich meinen Freund an und sprang schon mal voraus. Bereits von Weitem erkannte ich das umgefallene Fahrrad und hoffte, dass mein Pfarrer die Wartezeit ohne weitere Blessuren überstanden hatte.

„Hilfe naht!“, versicherte ich ihm atemlos, als ich bei ihm angekommen war. Dann ging plötzlich alles sehr schnell. Max kam jaulend herangeprescht, Frau Löffler stieß einen Entsetzensschrei aus, und die Menschentraube, die sich bislang eher gemütlich durch den Schnee geschoben hatte, kam in Wallung.

„Der Pfarrer!“, schrie Frau Löffler auf und hetzte voran, hatte aber – wie die anderen auch – ganz schön gegen den Schnee anzukämpfen. Und gegen Max hatte sie ohnehin keine Chance. Mit einem letzten Aufjaulen stürzte er zum Pfarrer, der, sichtlich erleichtert über unser Auftauchen, sogar versuchte zu lächeln. Mit seiner fast eisstarren Hand strich er mir liebevoll übers Köpfchen. Er hatte sich überwunden! Ich hätte vor Freude lostanzen können, beherrschte mich aber angesichts der tragischen Umstände. Während ich mich meinen freudigen Gefühlen wenigstens ansatzweise hingab, begab sich Michael Wollersheim im Laufschritt zurück ins Dorf, um Krankenwagen und Verstärkung zu holen. Als eingefleischter Jogger war er gut trainiert und würde nicht lang brauchen, so die allgemeine Überlegung.

„Wir müssen ihn warm halten!“, übernahm Frau Löffler das Kommando. Schnell stellte sie fest, dass unser Pfarrer sein rechtes Bein nicht mehr bewegen konnte. Auch das andere hatte etwas abbekommen, was seinen hilflosen Zustand erklärte.

„Vermutlich gebrochen!“, stellte sie sachlich fest. „Herr Geißler und Herr Diakon, ihre Jacken bitte!“, verlangte sie dann. Sichtlich widerstrebend, sich aber der Vernunft beugend, taten die beiden, was Frau Löffler verlangte.

„Und du, Gina, du hältst ihm die Füße warm!“, wurde auch ich zu Hilfsdiensten abkommandiert. „Komm her, Gina!“, rief aber plötzlich Pfarrer Winter. „Komm hierher!“

Unsicher, ob ich nun auf Frau Löffler oder meinen Pfarrer hören sollte, stockte ich einen Moment, entschied mich dann aber für Letzteren. Ich hatte viel zu lange darauf warten müssen, dass er mich überhaupt wahrnahm, nun wollte ich ihm auch an richtiger Stelle zeigen, dass auf mich Verlass ist.

Während ich mich also am Kopf meines Pfarrers, der nun auf der lila Mohair-Twinset-Jacke von Frau Löffler weich und frostsicher ruhte, niederließ, hörte ich bereits Stefan Geißler seinen Max als Held feiern.

„Wenn du nicht gewesen wärst, dann wäre unser Pfarrer erfroren, mein Großer!“ Fritz Geißler und seine Frau stimmten in diese Lobhudelei genauso ein wie unser Diakon. Selbst Frau Löffler, normalerweise die Gerechtigkeit in Person, wandte sich nun von Pfarrer Winter und mir ab und Max zu.

„Na, ein großes Leckerli hast du dir verdient, gut gemacht!“, lobte sie ihn, während sich Max im Glanz der Aufmerksamkeit sonnte. Dass ihn diese zu Unrecht traf, übersah er großzügig, aber ich wollte ja nicht kleinlich sein, denn plötzlich bewegte sich eine eiskalte Hand auf meinem Kopf sanft hin und her.

„Lass sie, Gina, wir beide wissen doch, wer mich wirklich gerettet hat! Ohne dich wäre ich erfroren!"

Er schenkte mir ein warmes Lächeln, und während im Hintergrund weiter alle Max als den neuen Helden umjubelten, schmiegte ich mich enger an Pfarrer Winter.

„Du bist ja richtig kuschelig!", wunderte er sich und ich rückte noch ein Stückchen näher. Er begann erneut, mich zu kraulen.

„Wenn ich wüsste, dass du mich auch wirklich nicht beißt, dann wäre ich auch nicht so zurückhaltend, aber das verstehst du wahrscheinlich nicht." Und ob ich verstand! Mauzend erklärte ich ihm, dass ich ihn selbstverständlich nicht beißen würde, schließlich hatte ich keine Babys zu beschützen!

„Wenn du willst, kannst du dich auf deinem Lieblingssessel im Arbeitszimmer wieder einnisten!", machte er sogar noch ein weiters Zugeständnis. Dann kam der Krankenwagen und ich sah mit großer Besorgnis, aber auch

einer gewissen Erleichterung zu, wie sie meinen Pfarrer Winter ins Krankenhaus schafften. Frau Löffler fuhr mit und ich hatte die Ehre, mit Max, dem neuen Helden von Ringelreuth, zurückzulaufen.
„Er mag dich, eindeutig, Gina!“, hechelte Max zwischen den ganzen Streicheleinheiten, mit denen er auch jetzt noch von allen Seiten bedacht wurde. „Sonst hätte er nicht zugelassen, dass du so dicht bei ihm sitzt. Glaub mir, er mag dich! Ich habe es genau gesehen!“
Die Geißlers hatten zu einer spontanen Pfarrer-Winter-Rettungsfeier geladen, natürlich standesgemäß im Pfarrhaus. Da Frau Löffler noch nicht da war, tafelte Frau Geißler auf, was die Wirtshausküche hergab. Während Max sich auch noch den ganzen Abend über als Held feiern ließ, belauerte ich das Telefon, an welchem Frau Löffler später alle erdenklichen Leute über den Gesundheitszustand unseres Pfarrers auf dem Laufenden hielt.
„Nein, nein, es ist nicht nötig, dass Sie vorbeikommen!“, beruhigte sie gerade den Bürgermeister, als draußen ein Jeep vorfuhr. Dr. Winter sprang aus dem Wagen und während er auf die Tür zustürmte, fiel mir wieder ein, dass es

noch gar nicht so lange her war, dass ich das Pfarrhaus verlassen und zu ihm ziehen wollte. Doch das war lange her, eine gefühlte Katzenewigkeit. Denn nun wusste ich ganz sicher, wo ich hingehörte. Und zwar zu meinem Pfarrer Winter, hierher ins Pfarrhaus von Ringelreuth.

Kümmel

ANNELIESE PROBST

Als unser kleiner Kater, gerade vierjährig, praktisch über Nacht schwer erkrankte und trotz aller ärztlichen Bemühungen sterben musste, ließ mich die Traurigkeit lange Zeit nicht los.
Ich war voller einander widerstreitender Gefühle, fand meinen Kummer einerseits übertrieben, war aber ehrlich genug, um mir immer wieder einzugestehen, wie sehr der kleine Kerl mir fehlte. Die Frage, wie das hatte geschehen können, trieb mich um, es kam mir darauf leider keine Antwort.
Eines Morgens bemerkte ich, dass Kümmel nicht wie sonst fröhlich durch die Wohnung sprang, sondern zusammengeduckt auf einem Stuhl hockte. Als ich mich ihm näherte, schnurrte er zwar, knurrte jedoch, als ich ihn vom Stuhl heben wollte. Da ich ihn immer wieder beobachtete, bemerkte ich endlich, wie er langsam und mühsam in die Spreukiste stieg,

aber kein Wasser lassen konnte. Das wiederholte sich etliche Male, immer ohne Erfolg. Er nahm weder Nahrung noch Flüssigkeit zu sich und verfiel geradezu vor unseren Augen.
So fuhren wir nachmittags mit ihm zur Tierklinik.
Der Arzt fragte, ob er gegen Katzenstaupe geimpft worden sei, wir bejahten, wir hatten alle unsere Katzen regelmäßig impfen lassen. Kümmel kam an den Tropf. Wir wollen hoffen, dass sich sein Zustand bessert, sagte der Arzt, morgen müssen Sie auf jeden Fall wiederkommen.
Auf der Heimfahrt im Auto lag Kümmel auf meinem Schoß, sehr müde, sehr angegriffen. Daheim versuchte er wieder Wasser zu lassen, es gelang nicht. So versteckte er sich unter meinem Schreibtisch, ich setzte mich in seine Nähe und beobachtete ihn und die anderen Katzen. Wodka stakste heran, stieß dem Kleinen die Nase in die Seite, trottete davon, als Kümmel nicht reagierte. Whisky und Mohrchen blieben in der Nähe, sehr aufmerksam; als Kümmel unter dem Schreibtisch hervorkroch und sich unter den Tisch legte, ging Mohrchen zu ihm und leckte ihm das Fell. Dann ließ sie ihn wie-

der allein, hielt Abstand, schaute aber ständig zu ihm hin. Mausi jedoch legte sich neben ihn, blieb bei ihm die ganze Nacht. Manchmal stieß er leise, klagende Laute aus, lag lang ausgestreckt, fast sterbensmüde auf dem Teppich. Ich saß – wie Mausi – in seiner Nähe. Ich konnte nicht schlafen, ich wollte ihm helfen, aber wie sollte ich ihm helfen? Beruhigend und liebevoll sprach ich immer wieder auf ihn ein, er antwortete zuweilen mit leisen Klagelauten, es war, als würde er weinen.

Am Morgen hatte sich sein Zustand dramatisch verschlechtert. Wir fuhren wieder mit ihm in die Klinik, er kam noch einmal an den Tropf, der Arzt riet uns, ihn einschläfern zu lassen. Er kommt nicht mehr hoch, sagte er, es hat ihn voll erwischt. Am besten, Sie entschließen sich gleich dazu.

Kümmel lag auf dem Behandlungstisch. Er war außer sich vor Angst. Ich trat von vorn auf ihn zu, um ihn zu beruhigen, da verbiss er sich in meiner linken Hand, der Schmerz nahm mir den Atem. Vorsichtig versuchte ich mich zu befreien, ich redete auf ihn ein, er sah mich an, erkannte mich, leckte mir das Blut von der Hand. Kommen Sie, sagte der Arzt erschrocken,

wir müssen Sie verbinden, gehen Sie möglichst heute noch zu einem Facharzt, mit solchen Bisswunden darf man nicht spaßen.
So fuhren wir wieder heim mit dem kranken Tier. Dort ging das Elend weiter, der Kleine wurde schwächer und schwächer, würgendes Erbrechen kam dazu, nun hielt es auch Mausi nicht mehr neben ihm aus. Schließlich riefen wir unsere Tierärztin zu Hilfe. Sie versprach, ein schnell wirkendes Mittel zu besorgen und dann sogleich zu kommen.
Ich nahm meinen kleinen, geliebten Kater auf den Schoß. Er streckte sich wieder lang aus, so blieben wir, bis die Ärztin kam. Vorsichtig legte ich Kümmel auf eine Decke, nun rührte er sich nicht mehr. Ich ging aus dem Zimmer und verlor mich regelrecht in die Trauer, es war die Hand, die mich endlich in die Gegenwart zurückholte. Sie schmerzte immer heftiger, schon konnte ich die Finger nicht mehr bewegen. Also fuhren wir, nachdem wir Kümmel an der Gartenmauer begraben hatten, wieder nach Halle, der Chirurg säuberte die Wunde und legte mir eine Schiene an. Sie dürfen die Hand nicht bewegen, mahnte er, sonst gibt es Komplikationen, das wollen Sie sicher nicht.

Nein, das wollte ich nicht. Also kam die Hand zusätzlich noch in eine Schlinge, und ich musste über Wochen hin alle Arbeiten einhändig verrichten, das nahm mich voll in Anspruch, notgedrungen traten die Gedanken an Kümmel und an sein jähes Ende zurück. Erst wenn ich zur Ruhe kam, krochen sie aus irgendwelchen Winkeln hervor, ich haderte mit mir, dass ich nicht Abstand zu wahren wusste in meinen Gefühlen Menschen und Tieren gegenüber, dass ich diesen Gefühlen ausgeliefert war und so schwer Maß zu halten verstand. Lag es daran, dass die Tiere, die mit mir lebten, für mich keine Sachen waren, die ich wegwerfen konnte, wenn ihre Zeit abgelaufen war, sondern Geschöpfe Gottes wie wir Menschen und daher wert, dass ich ihnen nicht nur mit Liebe entgegenkam, sondern auch um sie trauerte, wenn der Tod sie mir nahm? Und musste ich eine solche Haltung nicht letztendlich akzeptieren, weil sie einfach meinem Wesen entsprach?

In dieser Zeit fiel mir eine Kopie in die Hände, eine Kopie eines Abschnittes aus einer uralten koptischen Bibel, die in der Nationalbibliothek Paris aufbewahrt wird.

Darin hieß es:

Und es begab sich, dass der Herr auszog aus der Stadt und ging übers Gebirge mit seinen Jüngern. Und sie kamen an einen Berg; dessen Straße war steil. Allda fanden sie einen Mann mit einem Saumtier. Sein Tier war niedergestürzt, denn er hatte es überladen und schlug es, dass es blutete.

Und Jesus trat zu ihm und sprach: Mensch, was schlägst du dein Tier? Siehst du nicht, dass es zu schwach ist für die Last, und weißt du nicht, dass es Schmerzen leidet?

Der Mann aber antwortete: Was geht es Euch an? Ich darf es schlagen, so viel es mir gefällt, sintemal es mein Eigentum ist und ich es gekauft habe um ein gutes Stück Geld. Frage die, so bei dir sind, denn sie kennen mich und wissen davon.

Und etliche von den Jüngern sprachen: Ja, Herr, es ist, wie er sagt. Wir haben gesehen, wie er es gekauft hat.

Aber der Herr sprach weiter: Seht denn nicht auch ihr, wie es blutet, und hört denn nicht auch ihr, wie es jammert und schreit?

Sie aber antworteten und sprachen: Nein, Herr, dass es jammert und schreit, hören wir nicht.

Jesus aber war traurig und rief: Wehe euch, dass ihr nicht höret, wie es schreit und klagt zum himmlischen Schöpfer um Erbarmen, zweimal Wehe aber dem, über welchen es schreiet und klaget in seinem Herzen!

Und er trat hinzu und rührte es an. Und das Tier stand auf und seine Wunden waren heil.

Zum Mann aber sprach er: Nun treibe weiter und schlage es hinfort nicht wieder, auf dass auch du Erbarmen findest ...

Als der Sommer sehr allmählich und ohne scharfe Konturen in den Herbst überging, konnte ich meine Hand endlich wieder voll bewegen. Die warmen Tage nutzte ich, um unseren ziemlich verwilderten Garten einigermaßen in Ordnung zu bringen. Dabei bemerkte ich zuweilen hinten am Komposthaufen zwei kleine Katzen, eine schwarze und eine getigerte. Sie spielten im Laub und scharrten wohl auch nach Fressbarem; wenn ich mich ihnen näherte, stoben sie davon. Ich kümmerte mich nicht um sie, sie sollten verschwinden, sicher waren sie irgendwo in der Nähe zu Hause. Ich wollte keinen neuen Anfang mehr mit einem Tier, weil der Anfang das Ende einschloss, und vor dem Ende hatte ich große Furcht. Also

klatschte ich in die Hände, wenn ich die Katzenkinder sah, und ich lobte Wodka, der sie ab und zu verjagte und danach stolz und siegessicher um meine Beine strich.
Das Ende schob sich in diesem Herbst jedoch trotzdem noch einmal in unseren Alltag, es traf eine uns fremde Katze, die wir eine kurze Weile fütterten, weil sie ständig Hunger zu haben schien. Wieder konnten wir nicht vorbeisehen, und wieder fühlten wir uns betroffen.
Ich will es so erzählen: Eine Allerweltskatze kam als junges Tier bei Leuten unter, kriegte zu fressen, zu saufen, schlief im Schuppen, bestand Liebesabenteuer, brachte Junge zur Welt, säugte sie, wandte sich von ihnen ab, kannte sie nicht mehr. Wurde zuweilen von den Menschen gejagt, auch geschlagen, wagte sich nicht ins Haus, saß nur hin und wieder wartend vor der Tür oder auf dem Fensterbrett, es war nicht nur das Futter, worauf gewartet wurde. Ein wenig Zuwendung, das Streicheln einer Hand, ein freundliches Wort, man verstand sehr wohl den Klang der Stimme, nicht das Wort an sich. Aber man wartete vergebens, so wandte man sich ab und lebte sein Katzenleben, ein paar Jahre lang.

Mit dem Alter freilich wuchs die Sehnsucht nach Geborgenheit. So machte man sich auf die Suche nach ihr und fand Menschen, die einem, wenn man sich schreiend näherte, nicht nur Futter hinstellten, sondern sich niederbeugten und einem das Fell streichelten. Da rieb man den Kopf an einer fremden Hand, schnurrte beglückt und trollte sich zufrieden, die eigenen Leute kümmerte das nicht, sie bemerkten es nicht einmal, sollte die Katze tun, was sie wollte, man hatte anderes zu bedenken.
Die fremden Menschen – also wir – konnten und wollten diese Katze, die da plötzlich hin und wieder auf unseren Hof kam, nicht zu uns nehmen. Es war nur eine Fürsorge par distance möglich. Dennoch bemerkten wir, dass die Katze plötzlich nicht mehr fraß, dass sie sich nicht mehr hungrig auf das Futter stürzte, sondern es nur beschnupperte und sich abwandte; unerklärlich diese Enthaltsamkeit, unerklärlich auch der neue Platz, der stets wieder aufgesucht und kaum noch verlassen wurde: eine Art Nest, bestehend aus Gestrüpp und Gras, direkt neben einer Mülltonne.
Dort lag die Katze tagelang. Wenn wir sie riefen, kam sie, ließ sich streicheln, miaute kläg-

lich, nahm nichts zu sich, magerte sichtlich ab. Wir standen ratlos vor ihr. Man kann sie doch nicht so neben der Mülltonne verrecken lassen, sagte Christof.

Also benachrichtigte er die rechtmäßigen Besitzer. Es ist Ihre Katze, sagte er, Sie sind verantwortlich für sie, ob Ihnen das passt oder nicht. Bringen Sie sie zum Tierarzt, das ist das Mindeste, was Sie tun müssen.

Der Ernst, mit dem diese Forderung vorgetragen wurde, beeindruckte. Gegen Abend würde man zum Tierarzt gehen, allerdings nur, wenn die Katze zuvor heimkäme. Sie wäre seit Langem nicht mehr heimgekommen.

Dem konnte abgeholfen werden. Christof trug die Katze, dieses armselige, atmende Stück Leben, von der Mülltonne geradewegs in die Arme der Besitzer. Und er sagte der Tierärztin Bescheid, und er würde morgen noch einmal nachfragen, vielleicht käme das Tier doch durch.

Es kam nicht durch. Trotz einiger Spritzen, die die Ärztin ihm gab. Doch es starb in einer warmen Küche und in einem warmen Korb. Es starb nicht verlassen und ausgestoßen neben einer Mülltonne!

Ich fragte mich in diesem Herbst, ob unsere Aufgabe etwa auch darin bestand, nach fremdem und verlassenem Viehzeug auszuschauen und einzugreifen, wenn wir Not bemerkten. Wohin aber sollte das führen? Nicht nur ein Pfarrhaus, sondern auch ein Katzenhaus? Ein Haus, von dem für Mensch und Tier gleichermaßen Geborgenheit und Schutz ausging?
Der Herbstwind wirbelte das Laub auf Kümmels Grab, der Rasen begann darüberzuwachsen, man konnte, es kaum noch erkennen. Wir pflückten die Quitten vom Quittenbusch, der in der Nähe stand, auch die Haselnüsse vom Haselstrauch, die milde Herbstluft tat uns gut, wir genossen diese Jahreszeit, die mir die liebste ist im Kreislauf des Jahres. Unsere vier Katzen genossen diese Tage wie wir. Mausi lag stundenlang auf der Efeumauer, Whisky döste auf der Gartenbank, Mohrchen hockte verbissen vor Mauselöchern, und Wodka strich immer um uns herum. So hatte es ein Jahr zuvor auch Kümmel getan. Immer in meiner Nähe. Wenn ich das Mittagessen zubereitete, saß er auf der Küchenbank und beobachtete mich, wenn ich in den Garten ging, sprang er neben mir her, wenn ich schrieb, lag er neben mir auf

meinen Papieren, und wenn wir abends den Fernseher einschalteten, sprang er auf meinen Schoß, rollte sich zurecht und war da. Nachts lag er am Fußende meines Bettes, mein kleiner Kamerad, mein Flaschenkind, die Trauer um ihn verlor sich allmählich, freundliche Erinnerungen blieben, und es blieb auch der Vorsatz: Nie wieder!

Wie brüchig dieser Vorsatz allerdings war, sollte mir der kommende Winter zeigen.

Das Leben und dazu eine Katze,
das ergibt eine unheimliche Summe,
ich schwör's euch.

RAINER MARIA RILKE

Gina – die Pfarrhauskatze

HEIKE WENDLER

Am nächsten Morgen hantierte Frau Löffler begleitet vom üblichen Geklapper und Geklirr mit ihren Küchenutensilien. Doch dieses sonst so fröhliche Geräusch wurde von ihrem leisen, mürrischen Brummen unterbrochen. Frau Löffler tobte durch die Küche und bereitete das Mittagessen für unseren Pfarrer und ein paar Schulkinder vor, die sie konsequent mitversorgte, weil die Grundschule noch keine Ganztagsbetreuung mit Mittagstisch anbot. Auch wenn die meisten Mütter mittags daheim waren, so gab es doch auch in unserem kleinen Ort einige wenige, die voll berufstätig waren. Genauer gesagt waren es vier: Frau Doktor Stadler zum Beispiel, eine überaus freundliche Ärztin, fuhr leidenschaftlich gern mit dem Rettungswagen über die Autobahn, zumindest erzählte ihr Töchterchen Sophie ständig davon. Andere Mütter, wie die von der kleinen Elisabeth, mussten mitarbeiten, da das Geld sonst nicht reichte. Und die Eltern der beiden Buben, Henning und Ronald, führten einen kleinen Handwerksbetrieb mit viel Arbeit und wenig Personal, auch sie waren dankbar dafür, sich mittags nicht auch noch um ein Essen für die Kinder kümmern zu müssen. Ursprünglich war es ja bloß als Übergangslösung gedacht gewesen, doch daraus war längst eine Dauerlösung geworden. Und zum Glück störte es Frau Löffler auch nicht, dass dieser Übergang nun schon ein paar Monate anhielt, weil die Schule eben die Ganztagsbetreuung aus finanziellen Gründen immer noch nicht anbot. Frau Löffler liebte Kinder und sie kochte für ihr Leben gern – beides miteinander zu verbinden lag in ihrer Natur.

Aber heute ärgerte sie sich ganz offensichtlich. Obwohl meine Ohren mustergültig und denen der Menschen bei Weitem überlegen waren, musste ich mich anstrengen, um aus ihrem Gemoser etwas herauszuhören. Jedes Mal, wenn sie an den großen Plastiksäcken mit Verpackungsüberbleibseln, dem Korb mit Altglas oder dem riesigen Karton, in dem der Papiermüll gesammelt werden musste, vorbeikam, warf sie den Behältnissen einen Blick zu, der Bände sprach. So gut kannte ich sie inzwischen, dass ich mir gut vorstellen konnte, wie viel lieber sie dem ganzen Plunder einen heftigen Tritt verpasst hätte.

„Blödes Zeug!“, brummte sie gerade wieder. „Umweltschutz ist ja eine feine Sache, aber ausgerechnet hier? Das Zeug steht im Weg herum und stinkt! Und so was in meiner Küche! Es sieht aus wie auf der Müllkippe! Anbauen sollte der Kerl, anstatt mir so was aufzuhalsen!“ Ich beschloss, mein Frühstück schnell herunterzuschlingen und lieber zu verschwinden. So schlecht drauf war sie noch nie. Dabei lugte unter ihrer Schürze ein grell pinkfarbenes Twinset hervor, normalerweise ein Indikator für eine ruhige und ausgeglichene Stimmungslage mit Tendenz zur Fröhlichkeit. Doch was war eigentlich noch normal in unserem Pfarrhaus?

Ein kalter Wind pfiff um die Hausecke. Ich sah zum grauen Himmel auf und schnupperte. Ja, es würde noch schneien, auch wenn es bald März war. So zog ich mich in die warme, jedoch alles andere als gemütliche Küche zurück. Noch vor dem Mittag kam er, der Schneesturm. Wenigstens auf meine Instinkte war noch Ver-

lass. Zunächst wurden die dunklen Wolken so dicht, dass Frau Löffler das Licht in der Küche anschaltete, was jedoch nur einen weiteren verärgerten Monolog nach sich zog. Mit gerunzelter Stirn starrte sie Richtung Deckenlampe.
„Ich würde wirklich gern alles tun, um des Herrn Schöpfung zu schonen, aber die Erfinder könnten ihre kleinen grauen Zellen ruhig etwas mehr anstrengen! Das kann doch nun nicht des Rätsels Lösung sein! Nicht mal richtig hell wird es, Gina!", fluchte sie, während sie mich zu sich ranzog und mir übers Köpfchen strich. Normalerweise entscheide ich ja selbst, wann ich zum Kuscheln und Schmusen aufgelegt bin, doch unter diesen Umständen machte ich gern eine Ausnahme. Seit Pfarrer Hausmann nicht mehr war, hatte ich ein ausgeprägtes Defizit an menschlicher Zuwendung. Kunststück, wo früher zwei Menschen waren, die mich regelmäßig beschmusten, war nun nur noch Frau Löffler. Und deren Stimmung änderte sich mittlerweile schneller, als sie ihre Twinsets wechseln konnte.
Während sie mir, sich langsam beruhigend, übers Köpfchen strich und ich ihr den Gefallen

tat, liebevoll zu schnurren, begann draußen das Schneetreiben. Unsere Mittagszöglinge würden mit ihren Schuhen eine ganz schöne Schweinerei anrichten. Frau Löffler musste einen ähnlichen Gedanken haben, denn sie setzte mich sanft auf dem Fensterbrett ab.

„Ich werde mal ein paar Lappen besorgen!", erklärte sie mir, nun wieder besserer Stimmung. Ich blieb am Küchenfenster sitzen und beobachtete das Naturschauspiel. Das schrille Gebimmel der Türglocke unterbrach meine Betrachtungen. Und der Krach, den die Bande verursachte. Dabei waren sie gerade mal zu viert! Aber machten einen Lärm wie eine ganze Fußballmannschaft! „Alle Mann Schuhe aus und dann ab in die Küche!", kommandierte Frau Löffler die Racker wie ein General seine Soldaten. Sie war den Umgang mit ihnen gewohnt und hütete sich davor, bei ihnen einen zu umgänglichen Eindruck zu erwecken. „Sonst tanzen sie uns auf der Nase herum!", hatte sie das früher Pfarrer Hausmann gegenüber erklärt. Dann stand plötzlich auch Pfarrer Winter in der Küche. Er sah aus wie ein Schneemann, seinen Besuch bei den frischgebackenen Eltern des kleinen Simon, der in zwei Wochen getauft werden sollte, hatte er selbst bei dem Wetter mit dem Fahrrad unternommen. Die Fahrradklammer an seinem Knöchel war ein deutlicher Hinweis. Der Mann hatte vielleicht Nerven. Er begrüßte die Kinder ausgesprochen freundlich, die meisten kannte er ja vom Religionsunterricht in der Schule. Und ganz offensichtlich hatte er einen guten Draht zu Kindern. Wenigstens etwas, wenn er schon mit mir nicht klarkam. Er setzte sich mit an den Tisch, fragte sie nach ihrem Schulalltag aus und genehmigte sich sogar einen Teller Pasta mit Tomatensoße. Konnte er also auch anders?

„Sehr lecker, wirklich!“, lobte er. Leider beließ er es nicht dabei. „Allerdings wäre es sinnvoller, die Kinder ausgewogen zu bekochen! Nach all dem, was ich über Ihre legendären Kochkünste gehört habe, sollte es Ihnen doch keine Schwierigkeiten bereiten, Salate oder Gemüse auf den Tisch zu bringen!“

„Ich mag aber kein Gemüse!“, maulte die kleine Sophie sofort und wurde lautstark von Henning unterstützt. „Gemüse ist doof!“, bekräftigte er und Frau Löffler musste sich ein schadenfrohes Grinsen sichtlich verkneifen.

Unser Herr Pfarrer meinte es sicher gut, nur hatte er offenkundig keine Ahnung von den Essgewohnheiten unserer Dorfkinder. Liebevoll strich er der kleinen Sophie über den Kopf und erklärte ihr überaus geduldig, warum er es für besser hielte, wenn sie mehr Salat und Gemüse essen würde. „Sieh mal, Sophie, wir Menschen sollen nicht nur gut zueinander sein, sondern auch gut zu uns selbst. Und wenn du dich gesund ernährst, dann bist du gut zu dir, verstehst du das?"

So liebevoll wie er sie ansah, hätte ich am liebsten ein lautstarkes Ja gemauzt, aber mich meinte er ja nicht. Als die Kinder im Nachbarzimmer an die Hausaufgaben gingen, blieb Pfarrer Winter noch einen Augenblick.

„Ihr Engagement ist außerordentlich bewundernswert!", lobte er Frau Löffler. „Praktizierte christliche Nächstenliebe, ja, genau so stelle ich mir die vor!" Frau Löffler war ganz verdattert.

„Die Kirchgemeinde hat offiziell beschlossen einzuspringen ...", murmelte sie ihm hinterher. Doch das hörte er schon gar nicht mehr.

Während der Schneesturm draußen weiter tobte, klingelte es erneut. Frau Löffler öffnete und ließ nebst einer Ladung Schnee Marga Beier ein.

„Marga, was treibt dich denn bei dem Wetter aus dem Haus?“, fragte Frau Löffler und nahm ihr den Mantel ab. „Ich muss mit dir reden, Anna“, sagte Frau Beier leise. „Ist der Pfarrer da?“

Frau Löffler deutete mit dem Kopf nach oben. „Er hat gleich noch einen Termin mit der Friedhofsverwaltung, aber wenn du zu ihm willst, sag ich ihm Bescheid.“

„Nein, nein“, wiegelte Marga Beier ab und beugte sich zu mir herab. „Gina, meine Süße“, begrüßte sie mich und kraulte mir den Rücken. Obwohl ihre Hände ziemlich kalt waren, genoss ich es und gab dankbar Köpfchen. Sie gingen in die Küche und ich folgte ihnen. Frau Löffler kochte Tee und stellte die Keksdose auf den Tisch. Dann unterhielten sich die beiden über den Handarbeitsbasar der katholischen Frauengruppe, der noch vor Ostern stattfinden sollte. Ich nahm meinen Beobachtungsposten am Fenster wieder ein und meine Gedanken drifteten ab.

„Er ist wieder unterwegs“, hörte ich Marga Beier wenig später sagen, als ich wieder der Unterhaltung hinter mir lauschte. „Es ist immer das gleiche Lied. Er ist auf einer seiner Sauftouren und ich weiß nicht, was los ist.“ Sie schluchzte leise auf. Die Fensterscheibe spiegelte das Innere der Küche und ich sah, wie Frau Löffler ihr mitfühlend eine Hand auf den Arm legte. Sie redeten von Karl Beier, Margas Ehemann, so viel war klar. Vor seinem alkoholbedingten Absturz war er einer von vier Angestellten der Gemeinde Ringelreuth und ein durchaus netter und umgänglicher Mensch gewesen. Er kümmerte sich um die Pflege der Grünanlagen, den Winterdienst und die Straßenreinigung. Und soweit man das als Außenstehender sagen konnte, hatten die beiden auch eine glückliche Ehe geführt. Doch dann hatte Karl aus irgendeinem Grund zu trinken angefangen. Im Suff hatte er einen gemeindeeigenen Lastwagen zu Schrott gefahren und ihm wurde der Führerschein entzogen. Bürgermeister Rabenstein wollte ihn sogar für den Schaden haftbar machen. Damals war es Pfarrer Hausmann gewesen, der vermittelnd eingegriffen hatte, damit Beier wenigstens seine Arbeit behielt. Doch nicht lange, denn seine

alkoholbedingten Ausfälle nahmen derart zu, dass es keinen anderen Ausweg mehr gab. Doch all das hatte nicht gereicht, Beier vom Alkohol abzubringen. Dass er damit in erster Linie seiner Frau das Leben schwer machte, schien ihn nicht zu beeindrucken.
„Ich weiß einfach nicht mehr weiter, Anna", hörte ich Frau Beier schluchzen. Sie hatte mein volles Mitgefühl. Frau Löffler holte eine fast noch volle Schachtel Pralinen und kochte Kakao. Seelenfutter für Menschen. Plötzlich öffnete sich die Tür und Pfarrer Winter trat ein. Meiner Kehle entrang sich ein raues Maunzen, als Warnung sozusagen. Er trug einen sehr großen Weidenkorb und lächelte! Hatte seine Besprechung auf dem Friedhof ihn in eine derartige Hochstimmung versetzt?
„Frau Löffler, hier habe ich etwas für Sie", sagte er und steuerte auf den Tisch zu. „Grüß Gott, Frau Beier", begrüßte er Marga förmlich. Dass die Arme ganz rote Augen vom Weinen hatte und noch immer schniefte, entging ihm offenbar.
Dann stellte er den Korb auf den Tisch. Ich schraubte mich in die Höhe. Was brachte er denn da an? Frau Löffler starrte verwundert

vom Korb zum Pfarrer und von diesem, der selig lächelnd auf sie herabsah, wieder zurück zum Korb und dessen Inhalt. Hätten sich lebende Schlangen darin geringelt, ihr Gesichtsausdruck hätte nicht bestürzter sein können! Daneben saß mit offenem Mund Marga Beier und sah zwischen allen dreien hin und her, der Löfflerin, dem Pfarrer und dem Korb.

„Da Sie ja so gerne stricken, meine liebe Frau Löffler“, sagte der Pfarrer und strahlte regelrecht vor Freude, „wollte ich Ihnen dies hier überlassen. Sie werden bestimmt viel Spaß damit haben.“ Er rieb die Hände aneinander.

„Stricken?“, fragte Frau Löffler fassungslos.

„Mir ist nicht entgangen, dass sie eine ganze Menge dieser hübschen Kombinationen besitzen und tragen.“ Er machte eine vage Handbewegung in Richtung ihres stattlichen Oberkörpers und das ihn umhüllende pinkfarbene Twinset.

Der Korb enthielt eine beachtliche Menge an Wollknäueln verschiedener Größen und Farben. Eigentlich war von Mitternachtsblau über Kanarienvogelgelb bis zum Dunkelrot einer reifen Tomate alles dabei. Außerdem diverse Stricknadeln.

„Wie nett von Ihnen“, krächzte Frau Löffler,

deren Gesichtsfarbe nun ebenfalls in Richtung der besagten Tomate zu changieren begann. Der Nachmittag nahm eine Wendung an, mit der selbst ich nicht gerechnet hatte.
Der Pfarrer ging, immer noch lächelnd, durch die Küche zu der von ihm initiierten Müllhalde. „Na, sehen Sie, es geht doch. Wir haben schließlich eine gewisse Verantwortung der nächsten Generation gegenüber, nicht wahr?" Wieder rieb er freudestrahlend die Hände aneinander und blickte zur Deckenlampe auf, als würde von dort die Erleuchtung kommen. Frau Löffler folgte seinem Blick und warf ihm dann einen ebensolchen zu, allerdings keinen sehr netten. Er bekam nichts davon mit.
„Na dann", sagte er, „viel Spaß beim Stricken. Und falls Sie Lust dazu haben, wäre ich Ihnen für ein Paar gestrickte Socken durchaus dankbar. Größe 44." Sprach's und verschwand. Frau Löffler rollte mit den Augen und steckte sich noch eine Praline in den Mund. „Größe 44", murmelte sie.
„Schreib's dir auf, Anna", meinte Marga Beier trocken. „Und fang am besten gleich an." Die beiden sahen sich an und brachen in Gelächter aus.

Aus einer gewissen Langeweile heraus machte ich mich zum Schuppen neben dem Pfarrhaus auf. Vielleicht fände ich ja eine Maus zum Jagen.

Lautlos schob ich die angelehnte Tür auf. Dort saß Pfarrer Winter auf einem Hocker vor seinem umgedrehten Fahrrad. An einem Haken in der Decke hing eine Arbeitslampe, selbstverständlich mit einer Energiesparlampe bestückt, die ein bläuliches Licht verbreitete. Pfarrer Winter hantierte an der Fahrradkette. Wie er da so mit Schraubenschlüssel und Kettenspanner zugange war, wirkte er sehr zufrieden, fast fröhlich. Mit hoch aufgerichtetem Schwanz ging ich in gebührendem Abstand an ihm vorbei. Er warf mir einen schnellen Blick zu. „Na, Katze“, meinte er leise und ließ das Werkzeug sinken. Ich zögerte. Sollte ich es noch einmal versuchen, freundschaftlichen Kontakt zu ihm aufzunehmen? Wir sahen uns an. Sein Körper schien sich anzuspannen. Ich sah mich um und ging dann ein paar Schritte zurück. Das schien ihn zu beruhigen. Er wandte sich wieder seinem Fahrrad zu und summte weiter. Was war nur los mit diesem Mann?

Nach dem Abendessen machte ich noch einen

Rundgang, bevor ich mich auf meinen Schlafplatz verzog, einem ausrangierten Sessel im zweiten Stock, direkt vor dem Erkerfenster. Dort machte mir Frau Löffler immer ein gemütliches Nest aus zwei Kissen und einem darübergelegten Badetuch zurecht, und durch das Fenster konnte ich beobachten, was draußen vor sich ging. Im Einschlafen hörte ich noch Frau Löffler die Treppe hinaufsteigen und Pfarrer Winter in seinem frostigen, weil ungeheizten, Arbeitszimmer husten, in dem er selbst am späten Abend noch irgendwas in den Büchern studierte, dann entschwebte ich ins Reich der Träume.

Als ich erwachte, hatte ich für einen Moment komplett die Orientierung verloren. Mein Herz raste und mein Rückenfell stand senkrecht in die Höhe.

Dann hörte ich es. Es kam von ganz oben und klang ungefähr so, als würde jemand mit einem großen Reisigbesen einen Holzboden fegen. Augenblicklich stand ich auf den Pfoten und schlich Richtung Treppe. Das Geräusch verstummte. Ich blieb regungslos stehen und wagte kaum zu atmen. Nach einer Weile begann das Scharren erneut. Nun bekam ich es langsam mit der Angst zu tun. Dennoch nahm ich mich zusammen und schlich vorsichtig weiter. Keine Maus der Welt hätte mich hören können. Aber das Geräusch kam nicht von einer Maus, nicht einmal von Hunderten von Mäusen. Ich hielt am Treppenabsatz an und überlegte. Hier im zweiten Stock lagen Frau Löfflers Wohn- und Schlafzimmer, daneben das Gästezimmer und ein Wirtschaftsraum, am Ende des Flurs das Badezimmer. Darüber befand sich nur der Dachboden. Die Räume des Pfarrers befanden sich im ersten Stock. Und das Geräusch kam eindeutig vom Dachboden. Vorsichtig erklomm ich die Treppe. Das Geräusch hörte wieder auf. Eine Art Schmatzen ertönte. Dann, nach einer undefinierbaren Zeitspanne, begann das Scharren wieder. Nun standen mir nicht mehr nur die Rückenhaare zu Berge. Mein ganzes Fell stand mir vom Körper ab. Flüchtig dachte ich, dass ich wohl aussah wie eine weiße Kugel, aber das war mir jetzt auch schon egal. Ich hatte die Dachbodentür ohne Zwischenfälle erreicht und setzte mich wie in Zeitlupe, um nur ja kein Geräusch zu verursachen, hin. In Gedanken sah ich vor mir, wie ich mich erst ganz weit nach hinten lehnen, sämtliche Muskeln anspannen und dann abspringen würde. Meine beiden Vorderpfoten würden den Türgriff treffen und mit meinem ganzen Gewicht herunterdrücken. Der Schwung der auffliegenden Tür musste ausreichen, mich halb in den Raum hineinzukatapultieren. Mit etwas Glück und dem Überraschungsmoment auf meiner Seite konnte ich – ja, was? Flüchtig dachte ich an eine Ratte. Mit der hätte ich es allemal aufgenommen. Aber das, was die scharrenden Geräusche verursachte, war sicher größer als eine Ratte, und jetzt kam es außerdem auch noch näher! Als ich von der anderen Seite der Tür Atemgeräusche wahrnahm, überfiel mich das blanke Grauen! Mein Herzschlag setzte für mindestens drei Takte aus. Keine Macht der Erde konnte von einer einfachen Pfarrhauskatze erwarten, es mit einem völlig undefinierbaren Wesen aufzunehmen! Mäuse, okay. Ratten, na ja. Aber keine Spukgestalten oder Monster! Das ging zu weit! Ich trat den Rückzug an. Von der anderen Seite der Tür ertönte ein Schnaufen. Ich nahm einen Geruch wahr, den ich nicht einordnen konnte, dazu war ich viel zu aufgeregt und verängstigt. Ich tastete mich rückwärts die Treppe hinab und

war schon fast wieder halbwegs bei meinem Schlafplatz angekommen, als mir ein Missgeschick unterlief. Pfarrer Winter hatte in seinem Eifer auch die Glühbirnen im Treppenhaus und auf dem Dachboden gegen Energiesparlampen ausgetauscht und die alten Glühbirnen in einem Pappkarton deponiert. Und diesen hatte er aus unerfindlichen Gründen auf der Treppe abgestellt. Ich hatte ihn tagsüber stehen sehen, aber nun dachte ich keine Sekunde mehr daran. Als mein Hintern dagegenstieß, hielt ich ihn in meiner Verstörtheit für die Wand und drückte mich ängstlich dagegen. Der Karton rutschte weg und während ich noch verdutzt und wie angefroren stehen blieb, knallte er die Treppe hinunter. Das Klirren und Scheppern durchschnitt die Stille wie ein Donnerschlag. In wilder Panik sprang ich davon und suchte unter meinem Sessel Schutz. Allerdings konnte ich mir nicht verkneifen, den Kopf darunter hervorzustrecken. Meine Neugier war stärker als die Angst.
Als Erstes flog Frau Löfflers Tür auf. Sie kam auf den Flur gestürzt und tastete nach dem Lichtschalter. Aus der geöffneten Zimmertür fiel das Flimmern des Computermonitors.

Als Nächstes ging unten Pfarrer Winters Tür auf. Er stand völlig im Dunklen und das würde auch noch eine Weile so bleiben, denn bis sich die Energiesparfunzeln in Betrieb setzten, dauerte es einige Zeit.

„Pfarrer Winter?“ Frau Löffler irrte sichtlich verdattert durchs Treppenhaus.

Das Klatschen seiner Pantoffeln kündigte sein Herannahen an. „Was war das für ein Krach, Frau Löffler?“

Die beiden begegneten sich an der Treppe. Frau Löffler beugte sich über das Geländer und sah hinunter, der Pfarrer linste nach oben. Zwischen den beiden lagen verstreut die Glühbirnen oder was davon noch übrig war. Langsam liefen auch die neuen Energiesparlampen zur Hochform auf und legten an Leuchtkraft zu. Mit einem „Wie konnte das nur passieren?“ stieg Pfarrer Winter vorsichtig um die Scherben herum die Treppe hinauf.

Auf mich achtete niemand, ich war über jeden Verdacht erhaben, da unterhalb der menschlichen Wahrnehmungsschwelle. Ein seltsamer Ausdruck zog über Frau Löfflers Gesicht. Pfarrer Winter trug dunkelgrüne Socken in ausgetretenen Pantoffeln, eine gestreifte Hose, da-

rüber ein T-Shirt, das bis zur Mitte seiner mageren Oberschenkel reichte, über diesem einen Sweatshirt, das in der Taille endete und mit einer riesigen grün-gelb getupften Applikation in Form eines sitzenden und grinsenden Frosches verziert war. Auf dem Kopf trug er eine geringelte Mütze. Frau Löffler stieß hinter vorgehaltener Hand ein röchelndes Geräusch aus, von dem sie und ich wussten, dass es sich dabei um ein mit aller Kraft unterdrücktes Lachen handelte. Pfarrer Winter interpretierte es allerdings völlig falsch.
„Aber meine liebe Frau Löffler“, sagte er in dem Versuch, sie zu trösten. „Das ist doch kein Grund zum Weinen.“
Aus der offenen Tür von Frau Löfflers Zimmer erklangen piepsende Computersignale. „Was sind denn das für Geräusche?“ Pfarrer Winter schaute verwirrt drein. „Ach, Sie benutzen wohl eine dieser automatischen Strickmaschinen?“, fragte er und ging an ihr vorbei auf die offene Tür zu.
Frau Löffler überwand ihre Schrecksekunde und folgte ihm, doch zu spät. Mit völlig konsterniertem Gesichtsausdruck starrte Pfarrer Winter auf den Computerbildschirm, wo gerade Karten verteilt wurden.

„Was tun Sie da? Und was steht da? Black Lady?“

„Das ist mein Nickname, Herr Pfarrer“, erklärte Frau Löffler. „Sie pokern?“ Pfarrer Winter war fassungslos. Die beiden starrten sich an.

Pfarrer Winter schluckte mehrmals. „Ich weiß nicht, was ich dazu sagen soll“, meinte er dann.

„Ich bin richtig gut darin, ich gewinne“, sagte Frau Löffler fast schon trotzig und fügte erklärend hinzu: „Poker ist schließlich kein reines Glücksspiel, es hat auch sehr viel mit Taktik und Strategie zu tun.“

„Und ich dachte, Sie würden nachts stricken, wegen ihrer vielen farbenfrohen Strickkombinationen.“ Pfarrer Winter war sichtlich verdattert. So kann man sich irren, hätte ich am liebsten hinzugefügt und beobachtete die Situation weiter gespannt.

„Twinsets, Herr Pfarrer Winter“, erklärte nun Frau Löffler, die jetzt ihre Fassung wiedererlangt hatte. „Man nennt das Twinsets. Und ich will Ihnen etwas sagen. Mit einer einzigen guten Nacht am Spieltisch – am Computerspieltisch, meine ich – kann ich mir locker ein paar Twinsets kaufen!“ Sie schob sich einfach an ihm vorbei in ihr Zimmer und schloss sehr nachdrücklich die Tür. Kopfschüttelnd kehrte Pfarrer Winter in sein Zimmer zurück.

Am nächsten Morgen, Pfarrer Winter war wegen eines Todesfalls schon zeitig aus dem Haus gerufen worden, machte ich mich auf den Weg zu Max, um ihm alles zu erzählen.

„Ein Monster?“, fragte er, nachdem ich geendet und er eine Weile nachgedacht hatte.

Genervt verdrehte ich die Augen. „Überleg doch mal, Max“, sagte ich dann. „Es ist keine Maus. Es ist keine Ratte. Auch kein Eichhörnchen, das ja sowieso nie in ein Haus gehen würde. Also ...“

„Ein Vogel?“, unterbrach er mich. „Vielleicht durch ein Dachfenster hereingeflattert und nicht mehr rausgekommen. Das kann passieren. Dann flattert er ...“

Jetzt unterbrach ich ihn. „Nein! Ich weiß doch, wie sich ein Vogel anhört. Ich bin schließlich eine Katze!“

Darauf fiel ihm nichts mehr ein. „Hör mal, Max“, rückte ich mit meinem eigentlichen Anliegen heraus. „Wie wäre es denn, wenn du mal mit rüberkämst und den Dachboden beschnüffelst? Ich meine, Hunde haben doch ei-

nen unschlagbaren Geruchssinn, deshalb fällt dir vielleicht was ein, wenn du die Witterung aufnimmst."
Max schluckte das Kompliment wie ein Stück Schinken. Wir schlichen ins Pfarrhaus und die Treppe hinauf. Frau Löffler hantierte in der Küche und nahm keine Notiz von uns. Oben angekommen, sprang ich zielsicher auf den Türgriff. Angst hatte ich keine, schließlich war Max bei mir. Mit einem heftigen Schlag prallte ich gegen die Tür. Sie war abgesperrt.
„Das kann doch nicht wahr sein!", ärgerte ich mich und leckte mir meinen schmerzenden Bauch.
Max dachte nach. „Aber wie kommt dann ein Monster hinein, wenn abgeschlossen ist?", fragte er nach einer Weile. Darauf wusste ich auch keine Antwort. Ehe wir weiter über das Monster fachsimpeln konnten, wurde unten die Haustür geöffnet. „Pfarrer Winter ist da!", johlte Max und drehte sich um. Ohne mich eines weiteren Blickes zu würdigen, trampelte er wie ein wild gewordener Elefantenbulle die Treppe hinab. Ich folgte ihm würdevoll, majestätisch und ziemlich beleidigt.
„Max, mein Guter, wo kommst du denn her?"

Pfarrer Winter, noch in Parka, Mütze und die Hose mit Fahrradklammern festgezurrt, strahlte Max an. Dieser hatte sich zu seiner vollen Größe erhoben und dem Pfarrer seine Vorderpfoten auf die Schultern gelegt. Doch das schien den gar nicht zu stören. Im Gegenteil, er tätschelte Max die Flanken. „Ja, mein guter Junge! Was für ein Prachtkerl du doch bist!"
Ich rollte mit den Augen. Max drehte den Kopf und warf mir einen Blick zu, dann löste er sich von Pfarrer Winter. „Ich weiß gar nicht, was du hast, Gina", hechelte er. „Der Mann ist doch voll in Ordnung!"
Als hätte er es verstanden, sagte Pfarrer Winter jetzt zu Max: „Komm mit in die Küche. Wollen mal sehen, ob wir nicht ein Leckerli für dich finden." Mich schien er nicht einmal zu sehen. Dennoch ging ich mit. Immerhin war ich hier die Katze im Haus!

Einer Katze Augen sind Fenster,
die uns eine andere Welt erblicken lassen.

IRISCHES SPRICHWORT

Die Katze vom Pantheon

Fragment

GÜNTER EICH

Jemand kommt, eine Frau mit klappernden Sandalen. Ich springe auf die steinerne Balustrade und sehe ihr entgegen. Viele kommen täglich und unter den vielen sind es einige, die es sein könnten. Immer weiß ich sogleich, wer es nicht sein kann. Aber wer ist es unter denen, die es sein könnten? Denn es kann doch wohl nur einer sein, ein ganz bestimmter Mensch, und er ist schon da und ich brauche nur darauf zu warten, dass er am Pantheon vorbeikommt und an der Mauer entlanggeht, auf der ich sitze.

Diese Frau gehört zu denen, die es sein könnten – ich weiß nicht, woran ich es erkenne. Sie kommt quer über den Platz, ziemlich unbekümmert um die Autos, die Radfahrer, die beladenen Karren. Sie trägt eine grellrote Bluse und einen schwarzen Rock, hat eine Sonnenbrille unter dem unbedeckten schwarzen Haar und die Sandalen an ihren bloßen Füßen klappern. Sie sieht mich an, wie ich sie ansehe, jedenfalls scheint es mir, als wären ihre Augen hinter den schwarzen Gläsern auf mich gerichtet. Ich buckle mich hoch auf, bereit, mich von ihr streicheln zu lassen und neben ihr herzugehen, wenn sie es verlangte. Ja, sie tritt zu mir und streichelt meinen räudigen Rücken. Schmiegt sich mein Fell nicht sanfter in ihrer Hand als in jede andere? Ich vergesse die juckenden Schrammen und Schwären, die Wunden, die mir von Zähnen und Krallen zugefügt sind.

Die Mauer läuft fast ganz um das Pantheon, von ihm durch einen Abgrund von Stein und Fels getrennt. Hier leben wir, Dutzende von Katzen, die keinen Herrn haben. Wir leben von Abfällen, von dem, was uns einer zufällig zuwirft, und von dem Futter, das uns Signora jeden Nachmittag um drei bringt, Fischköpfe, Gedärm aus den Metzgereien, Käserinden, verdorbenes Brot. Ich habe Kinder und Enkel unter den Katzen, die ums Pantheon streichen. Ich kratze und beiße mich mit ihnen und habe es längt vergessen, wer mich geworfen hat und wen ich geworfen habe.

Die Mauer streicht mit der Straße zur Rückseite des Tempels an und bleibt immer in der Höhe einer Menschenhand. Ich gehe neben der Frau in der roten Bluse einher. Alle paar Schritte krault sie mich und sagt mir ein zärtliches Wort. Kann es einen Zweifel geben, dass sie es ist? Da, wo die Mauer von der Straße weg hinter das Pantheon biegt, an der Ecke, wird sie mich auf den Arm nehmen und mit sich forttragen, in ein Leben, wo es keine fremde Krallen und Zähne mehr gibt, wo mir das Haar wieder über diese nackte geschundene Haut wächst, wo Milch und zartes Fleisch in Fülle für mich da sind, weiche Kissen und streichelnde Hände. Da, wo diese Stelle der Verbreiterung ist, sehe ich noch einmal zurück wie auf mein Leben. Ich sehe die Felsen von ruhenden Katzen bevölkert, ich glaube, es ist keine darunter, die mich bemerkt und die davon berührt ist, dass ich fortgehen werde.
Es ist ein Augenblick, kurz wie ein Blitz, den ich mich umgewendet habe. Aber plötzlich fühle ich, dass die zärtliche Hand mich verlassen hat – ich sehe das Rot der Bluse schon einige Schritte entfernt –, es geschieht, was mir schon unzählig oft geschehen ist, und wie

jedes Mal überkommt mich die Lust mitzulaufen, die zugleich eine Angst ist, von meinem Mauerpfad herunterzuspringen und mein Leben zu verlassen.

Da aber kommt jemand, der es sein könnte, jemand, der sehr langsam geht, ein alter Mann. Er enthebt mich aller Zweifel und ich gehe neben ihm, sehr langsam, ab und zu von ihm gestreichelt, in den Pausen, wenn er verschnaufen muss. Ich bin glücklich. Wir gehen den Weg zurück, bergab, bis dahin, wo die Mauer endet, seitlich vom Tempeleingang. Der alte Mann kramt in seiner Tasche und findet eine Brotrinde, die er mir vor die Füße legt, bevor er sich abwendet.

Jetzt kommt niemand, aber dennoch springe ich nicht hinab und laufe dem Alten nach. Es ist heiß. Ich setze mich auf den heißen Stein und schaue zu den Katzen hinüber, die in der Sonne oder im Schatten der Felsennischen dahindämmern. Eine sitzt auf einem Zeitungspapier und benagt einen Knochen, mit spitzen Zähnen und den Kopf zur Seite geneigt. Eine putzt sich, eine wandert ziellos durch die Sonne. Sie sehen selbstzufrieden aus, aber vielleicht sind sie nur verzweifelt. Ich weiß nichts von ihnen.

Plötzlich wird es mir heiß, so heiß, dass die Hitze der Sonne wie Eis ist. Wohl gibt es den, den ich erwarte, aber wäre es nicht auch möglich, dass er nie herkommt, dass ich ihm nie begegne? Ich verwerfe diesen Gedanken gleich wieder, denn einer, der nie hierherkommt, kann nicht der sein, den ich erwarte. Dass er hierherkommt, gehört zu seinen Eigenschaften.

Aber der eine Zweifel macht den Weg frei für den schlimmeren. Wohl, er kommt hierher, aber ist er nicht längst vorbeigegangen und ich habe es nicht bemerkt? Nicht einmal, dass es einer von denen gewesen sein müsste, die mich gestreichelt haben – kann es nicht einer von jenen andern gewesen sein, einer von denen, die nicht infrage kamen?

Jemand kommt. Ein junger Mann mit wirrem Haar und schwankendem Gang. Er lacht und spricht vor sich hin. Er ist betrunken, jedenfalls auf irgendeine Weise von Sinnen. Ich richte mich auf und schaue ihm entgegen. Ja, er hat mich schon bemerkt.

Zweierlei eignet sich als Zuflucht
vor den Widrigkeiten des Lebens:
Musik und Katzen.

ALBERT SCHWEITZER

Abgesang

ANNELIESE PROBST

Manchmal frage ich mich, wer eigentlich meinen Tagesablauf bestimmt und regelt: ich selbst – oder unsere Katzen?
Eine Antwort erübrigt sich, sie fiele wahrscheinlich nicht zu meinen Gunsten aus. Da wir uns aber gegenseitig zu immer wiederkehrender Regelmäßigkeit erzogen haben, kommt es kaum zu Komplikationen, ich richte mich nach den Wünschen und Bedürfnissen der Tiere, sie richten sich wenigstens hin und wieder nach meinen Wünschen und Bedürfnissen, auf diese Weise kommen wir gut miteinander aus, und die Harmonie der Tage wird nur gestört, wenn eines der Tiere krank oder wieder einmal nicht auffindbar ist.
Ich bin ein Frühaufsteher. Sommers wie winters bin ich gegen fünf Uhr wach, ich mag dann nicht länger im Bett bleiben, das liegt keineswegs nur an meiner Aktivität, sondern auch an meinen schmerzenden Knochen. Sie

müssen erst wieder in Bewegung kommen, damit ich sie nicht mehr wahrnehmen muss. Also raus aus den Federn und hinein ins Bad, aber Vorsicht, meist wuseln Krümel und Timo fröhlich um meine Füße, wenn ich aus dem Schlafzimmer komme; ich will sie weder treten noch über sie stolpern, zum Glück jagen sie sich gegenseitig durch das Treppenhaus, sobald ich das Flurlicht angeknipst habe. Mohrchen sitzt schon hungrig auf der Küchenbank, Whisky hockt vor dem Wassernapf, nur von Mausi ist noch nichts zu sehen. Entweder schläft sie im Wohnzimmer auf der Couch oder in Christofs Bett, im Gegensatz zu den anderen braucht sie morgens eine geraume Zeit, um richtig wach zu werden.

Binde ich mir dann in der Küche die Schürze um, fängt das fröhliche Treiben erst richtig an. Timo und Krümel springen auf den Tisch, aufgeregt warten sie auf ihr Futter, lassen keinen Blick von meinen Händen, drängen sich an mich, ich habe Mühe, ihnen Fleisch und Nassfutter hinzustellen. Mohrchen und Whisky warten geduldiger, wie es sich für ältere Damen ziemt. Unten im Vorraum macht sich schon Großmütterchen bemerkbar, sie stürzt sich später auf die Schüssel, als habe sie tagelang hungern müssen. Kaum, dass ich die Haustür aufgeschlossen habe, trabt der schwarze Kater Henri heran, bevor er frisst, muss ich ihn streicheln, immer wieder schiebt er seinen großen Kopf gegen meine Hand, dabei schnurrt er laut. Im Vorgarten wartet Sternchen, auch sie muss ich streicheln. Manchmal nehme ich sie auf den Arm, sie lässt es sich gefallen, strebt aber zum Futternapf, Schmusen ist ganz hübsch, Fressen um Vieles wichtiger.

Zuletzt bekommt Mausi ihr Frühstück, sehr klein geschnittenes Hühnerfleisch, das ich ihr bröckchenweise hinschiebe, sie kann es mit ihren wenigen Zähnen zerkauen, aber sie braucht Zeit dazu. Diese Zeit nehmen wir uns. Erst wenn ihr Brettchen leer ist, gönne ich mir eine große Tasse Kaffee, ich bin eigentlich kein Kaffeetrinker, aber dieser Morgenkaffee schmeckt köstlich. Danach mache ich den Napf für Miezi zurecht, sie wird jedoch noch nicht gefüttert, neuerdings bleibt sie unauffindbar bis zum späten Vormittag. Und der weiße Kater kommt seit einiger Zeit überhaupt nicht mehr, ich weiß nicht, was ihm geschehen ist.

Und dann endlich kann ich mich um unser

Frühstück kümmern, die Tiere sind versorgt, satt und zufrieden fallen sie in einen tiefen und langen Morgenschlaf, nur Krümel wartet geduldig neben meinem Stuhl am Frühstückstisch. Kaum, dass ich mich gesetzt habe, springt er auf meinen Schoß, kuschelt sich zurecht und will gestreichelt werden, meine Schwierigkeiten beim Essen des Toastbrotes interessieren ihn nicht, er ist da, das habe ich gebührend zur Kenntnis zu nehmen. Ich versuche, möglichst still zu sitzen, damit er sich nicht gestört fühlt, erst, wenn wir fertig gefrühstückt haben, schiebe ich ihn von meinem Schoß, beleidigt springt er davon, sucht sich einen ruhigen Platz und schläft endlich auch.

Die nächsten Stunden gehören mir und meiner Arbeit. Das Katzenvolk schläft zufrieden, und ich bin froh, weil es allen gut geht. Irgendwann am späten Vormittag will Whisky auf den Hof, sie dreht ihre Runde, im Sommer legt sie sich gern in die Sonne, im Winter liegt sie lieber in der warmen Wohnung. Friedlich schläft sie weiter, und ich genieße die Ruhe, die von den Tieren ausgeht.

Mittags dann, wenn sich der zweite Hunger meldet, gibt es einen erneuten Wirbel, aber gemäßigter als am Morgen. Und dann wird getobt und gespielt und wieder gedöst; wenn ich am Schreibtisch sitze, kommt oft einer der Kater zu mir und schaut mir zu, wenn ich gegen Abend im Wohnzimmer sitze, liegt gewiss einer der Kater oder Mausi auf meinem Schoß, nachts kriecht Mohrchen zu mir ins Bett, und Whisky schmust mittags mit Christof, sie wartet geradezu, dass er sich für eine halbe Stunde hinlegt, gleich springt sie zu ihm, reibt ihren Kopf an seinem Gesicht und verlangt nach Zärtlichkeit.

Ein Leben mit Tieren – zugegeben, es gibt Stunden, da wird mir die immer wiederkehrende Arbeit fast zu viel, da möchte ich einmal einen Tag ganz für mich haben, ohne die Sorge um die vierbeinigen Hausgenossen und um die Zugelaufenen im Hof und auf dem Alten Friedhof. Ich möchte auch einmal in Ruhe verreisen können, ohne ein schlechtes Gewissen haben zu müssen und ohne die ständigen Gedanken an zu Hause. Aber dann braucht nur eines der Tiere auf meinen Schoß zu springen, um es sich dort mit schönster Selbstverständlichkeit bequem zu machen, schon bin ich mit seiner Gegenwart und den sich daraus ergebenden Folgen ausgesöhnt. Ich streichle das weiche Fell, rufe die anderen, freue mich an ihrer Lebendigkeit und Grazie und weiß, dass alle Belastungen wenig zählen, gemessen an der Freude, die mir täglich durch die Tiere zuteil wird. Sie gehören nun einmal zu unserem Leben dazu, füllen unsere Tage mit ihrer Gegenwart und schenken uns mit ihrem Vertrauen und ihrer Zuneigung einen ganz besonderen Reichtum, auf den wir nicht verzichten wollen.

Dass sie mich hin und wieder auch zum Geschichten schreiben anregen, ist ein weiteres Positivum unserer Beziehungen. Jede von ihnen ist anders, jede von ihnen kommuniziert mit uns auf eine ganz eigene Art, jede von ihnen ist ein Stück Leben, über das ich nachdenken und von dem und an dem ich lernen kann. Selbst die zugelaufenen Kostgänger regen meine Fantasie an und so soll hier noch eine kleine Erzählung angefügt werden, die ich kurz vor Weihnachten 1993 schrieb, anlässlich unserer jährlichen „Musik im Kerzenschein“ in der Beesenstedter Kirche. Der schwarze Kater trug sie mir förmlich ins Haus, nichts darin ist so, wie es sich in unserer Wirklichkeit abspielte, und doch ist es die Wirklichkeit, in der wir uns alle bewegen, die mir diese Geschichte eingab. Die Wirklichkeit, die jeden von uns betrifft und die weder für Menschen noch für Tiere leicht und komplikationslos zu bestehen ist. Die aber zu bestehen ist, solange wir immer wieder aus Müdigkeit und Depression herausfinden zu einem tätigen, wachen Dasein, in dem nicht nur wir wichtig sind, sondern auch die Kreatur, die mit uns und neben uns lebt.

Kater Henri

ANNELIESE PROBST

Mit der Frau Demut, so sagen die Bewohner des Mietshauses in der Korngasse, ist nichts mehr los, seit sie keine Arbeit mehr hat. Früher war sie freundlich und fröhlich, hilfsbereit, naja, eben ganz normal. Seit die Firma, in der sie jahrelang gearbeitet hat, pleite gegangen und sie also arbeitslos geworden ist, kriegt sie den Mund nicht mehr auf, lässt sich kaum sehen, kommt nur selten aus ihrer Wohnung, sieht schlecht aus, und was war sie früher doch für eine attraktive Person! Immer adrett gekleidet und frisiert, seltsam, warum sie keinen Mann bekommen hat, vielleicht eine unglückliche Liebe oder zu wählerisch, allem Anschein nach hat es sie nicht gestört, allein durchs Leben gehen zu müssen. Zumindest damals, als sie noch Arbeit hatte. Jetzt gleicht sie ihrem eigenen Schatten, mauert sich regelrecht in ihrer kleinen Wohnung ein und will aus der Isolierung nicht heraus.

So reden die Bewohner des Mietshauses in der Korngasse schon mal miteinander, und heimlich denken sie: Ob die Demut wenigstens in der Adventszeit bei jedem von uns einmal hereinschaut? Das hat sie jedes Jahr getan, und für jeden hatte sie eine kleine Überraschung, eine Kerze oder einen Tannenzweig, mit selbst gebastelten Sternen oder ein paar Süßigkeiten für die Kinder. Auf die Überraschungen können wir verzichten, wenn sie nur selbst käme und nicht weiterhin stumm und blass an uns vorbeihuschen würde. Wir würden sie auch gern zu uns einladen, aber sie hört überhaupt nicht, wenn man sie anspricht.

Carola Demut, so um die Fünfzig, hat ein scheußliches Jahr hinter sich. Arbeitslos – das empfindet sie fast als persönliche Schande. Nie hätte sie es für möglich gehalten, dass ihr das Leben nutzlos und sinnlos durch die Finger rinnen würde, schon morgens nicht wissen, wie man den Tag übersteht, das hält man vielleicht ein paar Wochen aus! Wenn sich dieser Zustand jedoch über Monate hinzieht, wird man gemütskrank!

Dazu dieses trübe Spätherbstwetter, Nebel und Kälte und zuweilen Regen, am besten, sie bleibt morgens lange im Bett und legt sich schon am frühen Abend wieder in die Federn, und das Leben können andere leben, alle, die noch Arbeit haben beispielsweise, ihr kann das Leben allmählich gestohlen bleiben, und an das Kind in der Krippe wird sie kaum denken, es hat den Menschen Liebe und Hoffnung bringen wollen, aber die Menschen können mit diesen Geschenken anscheinend nichts anfangen. Zugegeben: sie auch nicht. Alle Hoffnung auf Besserung ihres Zustandes hat sie verloren, und was soll sie schon mit der Liebe zu tun haben, sie liebt nicht einmal mehr sich selbst, wie viel weniger andere Menschen. Dass sie trotzdem auf Liebe hofft oder zumindest auf ein Zeichen, auf einen Hinweis, wie sie mit ihrem Leben wieder besser zurechtkommen kann, gesteht sie sich nur selten ein, und höchstens kurz vor dem Einschlafen murmelt sie hin und wieder ein Stoßgebet: Lieber Gott, hilf mir!

Niemand weiß, ob Gott Stoßgebete dieser Art hört und erhört und wie er sie möglicherweise erhört. Und so kann die Carola Demut später auch nicht sagen, ob das, was da an einem trüben Dezembertag geschieht, bloß reiner Zufall ist oder ob Gott ihr im rechten Augenblick die

Augen geöffnet hat, damit sie dieses Häufchen Elend überhaupt bemerkt, das da zwischen den Kellerfenstern an der Hauswand hockt und kläglich vor sich hinwimmert.

Eine Katze oder ein Kater, schwarz mit weißem Brustlatz und vier weißen Pfoten, dünn, struppig, wahrscheinlich ein heimatloses Tier, ausgesetzt, verstoßen, vielleicht hat es sich auch verlaufen. Es starrt die Carola Demut mit großen Augen an, stumm jetzt, beinahe leblos. Erst als sie vorübergehen will, ohne sich weiter nach ihm umzusehen, stößt es einen lauten, klagenden Schrei aus, der klingt so schaurig, dass sich Carola Demut erschrocken umdrehen und niederbeugen und, wie unter einem Zwang, das Tier auf den Arm nehmen muss. Ein dünnes, halb verhungertes Katzenvieh – und was soll nun mit ihm geschehen?

Carola Demut hat noch nie ein Tier um sich gehabt. Sie weiß gerade, dass Katzen Milch trinken und Mäuse fangen, das ist schon alles. Was sie mit diesem verwahrlosten Etwas anstellen soll, weiß sie nicht, im Grunde will sie mit ihm nichts zu tun haben. Trotzdem dreht sie sich jetzt auf dem Absatz um und trägt es hinauf in ihre Wohnung, zum Glück begegnet sie keinem auf der Treppe. In der Küche setzt sie das schwarze Wesen auf den Fußboden, gießt Milch in eine Untertasse und schiebt sie ihm unter die Nase, und dann schmiert sie ein Leberwurstbrot, schneidet es in kleine Stücke und legt es neben die Untertasse, und später setzt sie sich und schaut zu, wie Milch und Brot im Handumdrehen im Katzenmagen verschwinden. Also wird das nächste Leberwurstbrot geschmiert und auch noch das dritte, dann erst reckt sich das Tier, blinzelt sie an, springt mit einem Satz auf ihren Schoß und rollt sich zusammen, ein leises Schnurren verrät, dass es hier so bald nicht mehr fortwill.

Sie weiß nicht, was sie denken soll.

Also denkt sie nichts.

Aber sie spürt, wie eine kleine Wärme in ihr aufsteigt, ein Hauch von Zärtlichkeit, unwillkürlich legt sie die Hand auf das struppige Fell und beginnt es zu streicheln. Das Schnurren wird lauter, der Tierkörper schmiegt sich dichter an sie heran, sonst geschieht nichts. Zumindest nichts Greifbares, Sichtbares. Unsichtbar freilich geschieht viel: Eine Mauer wird langsam abgetragen, eine Mauer aus Selbstmitleid und verhaltener Wut und Neid – die Frau Krüger aus der Parterrewohnung hat ihre Anstellung bei der Sparkasse sicher, und die Frau Hofmann, die über ihr wohnt, ist neuerdings Filialleiterin bei der Edeka, und Herr Krüger und Herr Hofmann haben auch Arbeit, und die alten Schmitts von gegenüber kriegen eine gute Rente, bloß sie hat es getroffen, sie ist an den Rand gespült worden und wird nicht mehr gebraucht, und gerade die Erkenntnis, nicht mehr gebraucht zu werden, liegt auf der Seele wie eine Last und vergällt jede Lebensfreude.

Aber jetzt wird sie wieder gebraucht! Von einem armseligen Katzentier – ob es vielleicht jemandem hier im Haus gehört? Die alten Schmitts hatten früher einmal einen Hund, als er überfahren wurde, sind sie lange mit verheulten Augen herumgelaufen. Sie wird wohl fragen müssen, auch bei den anderen Mietern, vielleicht auch im Nebenhaus, und wenn sich kein Besitzer meldet, wenn sich – hoffentlich! – kein Besitzer meldet, dann ...

Sie vergräbt die Finger in dem schwarzen Fell. Sie atmet tief auf. Aber noch rührt sie sich nicht, noch genießt sie die Wärme des fremden Lebens, seine Nähe, sein Vertrauen. Und spürt, wie eine kleine Hoffnung in ihr aufbricht, dass

es nun auch mit ihr – vielleicht – ein wenig aufwärts gehen könnte.
Später nimmt sie einen leeren Karton vom Schrank, legt eine alte Decke hinein und stellt ihn neben den Kachelofen. Das Katzentier nimmt sogleich Besitz von diesem Karton, wie es zuvor Besitz von ihr genommen hat, satt und zufrieden schläft es in der Geborgenheit dieses Zimmers, und sie muss Futter einkaufen und Spreu, sie hat zu tun, endlich hat sie zu tun, das macht ihre Bewegungen leicht und ihr starres, verkniffenes Gesicht freundlich. Und als sie auf der Treppe mit Frau Krüger zusammentrifft, hastet sie nicht vorbei, sondern grüßt und bleibt stehen und fragt ein wenig atemlos, ob man eine Katze oder einen Kater vermisse, so genau kenne sie sich nicht aus, sie habe bloß so ein armes Tier gefunden und mit in die Wohnung genommen.
Frau Krüger verneint, sie haben kein Haustier, aber sie würde sich den Findling gern ansehen. Da nimmt Carola Demut sie mit in ihre Wohnung und deutet auf den Karton, ein Kater, sagt die Frau Krüger nach näherem Hinsehen, er scheint sich bei Ihnen wohl zu fühlen. Ich werde mich umhören, ob er vermisst wird, hof-

fentlich nicht, dann kann er bei Ihnen bleiben.
Carola Demut nickt, und später klingelt sie bei Schmitts und fragt und erzählt; die alte Frau Schnitt zieht sie gleich in die Küche und gießt ihr eine Tasse Kaffee ein, nein, einen Kater hätten sie nicht, sagt sie, aber es sei schön, dass sie nun wieder mit der Frau Demut sprechen könne. Ähnliches meint auch Frau Hofmann, die Carola Demut am Abend aufsucht. Ihre beiden Kinder wollen den Kater sehen, also nimmt Carola sie mit in ihre Wohnung. Der sieht aus wie Kater Henri in meinem Bilderbuch, sagt das kleine Mädchen, ich hätte auch gern einen lebendigen Henri, aber der gehört jetzt dir, nicht wahr?
Ja, denkt Carola Demut, jetzt gehört er mir. Oder vielleicht gehöre ich ihm? Hat er mich für sich ausgesucht, zwei Lebewesen, für die kein Platz mehr da ist, die von niemandem gebraucht werden – schaffen sie sich nun gemeinsam einen Lebensraum, in dem sie sich Wohlfühlen können?
Ihr dürft Henri gern jeden Tag besuchen, sagt sie zu den Kindern. Und dann schmiert sie wieder ein paar Leberwurstschnitten, eine für sich und zwei für Henri, und sie brüht sich Tee und setzt

sich in den Sessel und wartet, ob Henri zu ihr kommt, und natürlich kommt er, kuschelt sich in ihren Schoß und schnurrt. Und die Frau würde auch schnurren, wenn sie schnurren könnte, dabei hat sich eigentlich in ihrem Leben nichts geändert. Oder hat sich doch etwas geändert? Das Wichtigste nämlich: Dass sie wieder offen ist für das Leben und nicht mehr zugeschlossen bis zum Hals? Dass sie wieder Liebe empfinden kann, und sei es auch nur die Liebe zu einem Tier, und Hoffnung, die Tage fortan sinnvoll zu nutzen, trotz Arbeitslosigkeit, und sich nicht in Depressionen zu verlieren?

Während sie Henri streichelt, denkt sie an das kommende Weihnachtsfest. Nicht mehr voller Abwehr und Angst und Schrecken, sondern schon mit einer winzigen Vorfreude. Sie werden es sich beide gemütlich machen. Und vorher wird sie bei Krügers und Hofmanns und vor allein bei Schmitts kleine Überraschungsgeschenke abgeben, ein Zeichen, dass sie wieder lebt und die Starre überwunden hat, und dass sie sich wieder freuen kann! Auch darüber, dass ein Kind geboren worden ist, um den Menschen die Liebe und die Hoffnung zu bringen – wenn es sein muss, sogar durch ein Tier, das durch seine Not und Hilflosigkeit einem Menschen bewusst macht, wie reich sein Leben immer noch sein kann, wenn er nur über die eigenen Schwierigkeiten hinwegschaut und Liebe übt, wo immer ihm diese Liebe abverlangt wird.

Die Kirchenkatze

GEORGE BORROW

Als ich mit meiner Familie im Salon den Tee einnahm, ein oder zwei Stunden, nachdem wir unser Sommerquartier bezogen hatten, wobei des schönen Wetters wegen Zimmertür und Haustür aufstanden, kam eine schmale schwarze Katze hereingelaufen, setzte sich auf den Teppich neben dem Tisch, sah zu uns hoch und miaute jämmerlich. Ein so elendes Geschöpf hatte ich noch nie gesehen. Es war schrecklich abgemagert, kaum mehr als Haut und Knochen, und wurde arg von einem entzündlichen Hautausschlag geplagt.

An dieser Stelle will ich die Geschichte dieser Katze vor unserer Ankunft erzählen, wie sie mir später Stück für Stück zugetragen wurde. Sie hatte einem früheren Pfarrer der anglikanischen Kirche in Llangollen gehört und war bei seinem Weggang zurückgelassen worden. Sein Nachfolger brachte eigene Hunde und Katzen mit, die sich einig waren, dass die Katze des

Vorgängers nichts mehr im Pfarrhaus zu suchen hatte. Also wurde sie von ihnen verjagt und musste sich eine neue Heimstatt suchen, vermochte jedoch keine zu finden. Fast alle Einwohner des Stadtteils waren Dissenter-Protestanten wie überhaupt die große Mehrheit der Menschen in Llangollen, und da für sie die Katze eine Kirchenkatze war, verweigerten sie ihr nicht nur eine Unterkunft, sondern taten darüber hinaus alles, um ihr das Leben zur Hölle zu machen. Und da die wenigen, die keine Dissenter waren, sie ebenfalls nicht aufnehmen mochten, weil sie entweder eigene Katzen oder auch Hunde hatten oder einfach keine Katze haben wollten, so blieb die Katze ohne Zuhause und wurde von neun Zehnteln der Bevölkerung aufs wütendste verfolgt. O, noch nie war eine Katze solcher Verfolgung ausgesetzt wie diese arme anglikanische Kirchenkatze, und das einzig aufgrund der Auffassungen, die ihr vermeintlich im Hause ihres ehemaligen Herrn in den Kopf gesetzt worden waren, denn mir ist nie zu Ohren gekommen, dass die Dissenter des Stadtviertels oder gar von ganz Llangollen die Angewohnheit hatten, fremde Katzen zu verfolgen. Die Katze war eine anglikanische Kirchenkatze, und das genügte: Steinigt sie, erhängt sie, ertränkt sie! erscholl es aus nahezu allen Mündern. Wenn die Arbeiter der Flanellfabrik, die ausnahmslos kalvinistische Methodisten waren, sie draußen erblickten, stürzten sie allesamt auf die Straße, jagten sie mit Steinen und Stöcken oder mangels anderer Wurfgeschosse mit Pferdeäpfeln, deren sich immer viele auf dem Fahrdamm fanden, und scheuchten sie über den Deich oder zum Kanal. Die Anwohner der Gasse, die zwischen unserem Haus und der Fabrik von der Hauptstraße zum Fluss führt, erhoben, sobald sie des Tiers in ihren Obstgärten ansichtig wurden, die Stimmen und warfen alles, was wertlos und bei der Hand war, zielgerichtet nach Kopf oder Körper der Kirchenkatze. Unsere Hauswirtin, eigentlich eine herzensgute Person, aber eine erbitterte Dissenterin, machte jedes Mal, wenn sie die Katze auf ihrem Grund und Boden ertappte oder auch nur hörte, sie treibe sich dort herum, Jagd auf sie, oft begleitet von ihrem Dienstmädchen Margaret und ihrem kleinen Sohn, einem Jungen von ungefähr neun Jahren, die beide die Katze hassten und jederzeit bereit waren, ihr nachzusetzen, entweder allein oder gemeinsam, und das konnte nicht verwundern, denn das Dienstmädchen war nicht nur Dissenterin, sondern auch Katechetin, und der Junge war nicht nur Dissenter, sondern sollte dereinst auch das Amt eines Geistlichen dieser Konfession bekleiden. Wo sie an Futter gelangte, und sie musste manchmal etwas zu fressen bekommen haben, denn nicht einmal eine Katze, ein Tier, das, wie man weiß, neun Leben besitzt, kann gänzlich ohne Nahrung leben, war nur ihr bekannt, ebenso wie der Ort, an dem sie schlief, denn selbst eine Katze muss manchmal schlafen; obgleich ein Tagelöhner, der gelegentlich den Garten umgrub, mir erzählte, dass sie seines Wissens im Frühjahr Muschellaich fraß, und obgleich unsere Wirtin mir einmal sagte, dass sie vermutlich manchmal in der Hecke schlief, derselben Hecke, die übrigens unseren Obstgarten vom recht ansehnlichen Grundstück der Pfarrei trennte.

Eine Katze, die über zwei Jahre lang ein solches Leben geführt hatte, durfte durchaus nur noch Haut und Knochen sein, als sie in unsere Wohnräume spazierte, durfte auch an Hautausschlag und Bronchialkatarrh leiden, denn wie ich mich erinnere, hatte sie beides. Wie sie dazu kam dort hereinzuspazieren, ist ein Rätsel, denn sie war noch nie zuvor ins Haus gekommen, auch nicht, wenn Logiergäste da waren. Ihr Besuch galt gewiss nicht der Hauswirtin, ihrer erklärten Feindin, das verstand sich von selbst; aber warum, da sie doch keineswegs die sonstigen Logiergäste zu besuchen pflegte, besuchte sie uns? Riet der Instinkt ihr, sich von jenen fernzuhalten? Riet der Instinkt ihr, sich uns zu nähern?

Wir gaben ihr Bröckchen von unseren Butterbroten und ein wenig Tee mit Milch und Zucker. Sie aß und trank und begann bald zu schnurren. Unsere Hauswirtin war entsetzt, als sie kam, um das Geschirr abzuräumen, und die Kirchenkatze auf ihrem Teppich entdeckte. „So eine Frechheit!" rief sie aus und wollte auf das Tier losgehen, doch als wir ihr sagten, wir seien der Meinung, es solle nicht gestört werden, ließ sie von ihm ab. Ein recht bemerkenswerter Umstand war, dass dieselbe Katze, die bislang immer die Flucht ergriffen hatte, sobald sie unsere Wirtin erblickte oder auch nur von fern ihre Stimme hörte, ihr jetzt in vollkommener Gelassenheit die Stirn bot, als wollte sie sagen: „Ich habe keine Angst vor dir, ich weiß, dass ich jetzt in Sicherheit und bei den Meinigen bin."

Sie blieb zwei Stunden lang bei uns und ging dann fort. Am nächsten Morgen kam sie wieder. Kurzum, obwohl sie jeden Abend fortging, wurde sie unsere Katze und ein Familienmitglied. Ich gab ihr etwas gegen ihren Hautausschlag, durch gute Behandlung genas sie auch von ihren übrigen Leiden und war bald eine schmucke Katze mit seidigem Fell.

Wir waren anfangs in einiger Verlegenheit hinsichtlich des weiteren Verbleibs der Kirchenkatze; es ging natürlich nicht an, sie im Garten den „huldreichen" kalvinistischen Methodisten der Nachbarschaft auszuliefern, besonders nicht denen von der Flanellmanufaktur. Andererseits konnten meine Frau und meine Tochter sie schwerlich mitnehmen. Schließlich beschlossen wir, uns an eine junge Frau anglikanischer Konfession zu wenden, die wir flüchtig kannten – sie hatte vor kurzem geheiratet und wohnte auf der anderen Seite des Flusses an der Straße, die zum Bahnhof führte –, und sie zu bitten, sich des Tieres anzunehmen. Wir hatten unseren Wunsch kaum ausgesprochen, schon willigte sie freudig ein. Und so ließen wir die arme Katze mit ein wenig Milchgeld bei ihr, und bei ihr lebte sie auch, wie wir später erfuhren, in

Ruhe und Frieden, bis sie eines Morgens vom Kamin in die Luft sprang, ein Miau ausstieß und starb. Soviel zur Kirchenkatze.

Quellennachweis

Seite 6: Klaus Weyers, Die Katze tritt die Treppe krumm in: ders., Der Esel meines Feindes. Plauderei über die bunte Tierwelt © St. Benno Verlag GmbH, Leipzig

Seite 16: Elmar Gruber, Alles von der Katz'. aus: Göttliche Augenblicke im Alltag © Löwenzahn Verlag

Seite 33: Peter Biqué, Die Katze schnurrt um Mitternacht © Alle Rechte beim Autor

Seite 37: Heike Wendler, Pfarrhauskatze Gina im Glück in: dies., Mein Pfarrer ist der Beste! Abenteuer einer Pfarrhauskatze. © St. Benno Verlag GmbH, Leipzig

Seite 59: Anneliese Probst, Kümmel in: dies. Von Whisky, Wodka und anderen Lieblingen. Katzengeschichten, 1. Auflage Querfurt 1996 © Dingsda Verlag Leipzig

Seite 72: Heike Wendler, Gina – die Pfarrhauskatze in: dies., Mein Pfarrer ist der Beste! Abenteuer einer Pfarrhauskatze.© St. Benno Verlag GbmH, Leipzig

Seite 96: Günter Eich, Die Katze vom Pantheon. Fragment in: Günter Eich: Gesammelte Werke in vier Bänden. Band 4: Vermischte Schriften. Herausgegeben von Axel Vieregg. © Suhrkamp Verlag Frankfurt am Main 1991. Alle Rechte bei und vorbehalten durch Suhrkamp Verlag Berlin

Seite 102: Anneliese Probst, Abgesang in: dies. Von Whisky, Wodka und anderen Lieblingen. Katzengeschichten, 1. Auflage Querfurt 1996 © Dingsda Verlag Leipzig

Seite 109: Anneliese Probst, Kater Henri in: dies. Von Whisky, Wodka und anderen Lieblingen. Katzengeschichten, 1. Auflage Querfurt 1996 © Dingsda Verlag Leipzig

Seite 119: George Borrow, Die Kirchenkatze in: Das große Katzen Lesebuch. Herausgegeben von Julia Bachstein © Schöffling & Co. Verlagsbuchhandlung GmbH, Frankfurt am Main 2004, S. 162-165

Wir danken den genannten Inhabern von den Textrechten für die freundliche Erteilung der Abdruckgenehmigung. Der Verlag hat sich bemüht, alle Rechteinhaber in Erfahrung zu bringen. Für zusätzliche Hinweise sind wir dankbar.